アフターコロナのマーケティング

混迷の時代を切り開く、新しい消費の動き

森 泰一郎
Mori Taiichiro

SE
SHOEISHA

本書内容に関するお問い合わせについて

このたびは翔泳社の書籍をお買い上げいただき、誠にありがとうございます。弊社では、読者の皆様からのお問い合わせに適切に対応させていただくため、以下のガイドラインへのご協力をお願い致しております。下記項目をお読みいただき、手順に従ってお問い合わせください。

●ご質問される前に

弊社Webサイトの「正誤表」をご参照ください。これまでに判明した正誤や追加情報を掲載しています。

正誤表　https://www.shoeisha.co.jp/book/errata/

●ご質問方法

弊社Webサイトの「刊行物Q&A」をご利用ください。

刊行物Q&A　https://www.shoeisha.co.jp/book/qa/

インターネットをご利用でない場合は、FAXまたは郵便にて、下記“翔泳社愛読者サービスセンター”までお問い合わせください。
電話でのご質問は、お受けしておりません。

●回答について

回答は、ご質問いただいた手段によってご返事申し上げます。ご質問の内容によっては、回答に数日ないしはそれ以上の期間を要する場合があります。

●ご質問に際してのご注意

本書の対象を越えるもの、記述個所を特定されないもの、また読者固有の環境に起因するご質問等にはお答えできませんので、予めご了承ください。

●郵便物送付先およびFAX番号

送付先住所　〒160-0006　東京都新宿区舟町５
FAX番号　03-5362-3818
宛先　（株）翔泳社 愛読者サービスセンター

はじめに　真の〝デジタル元年〟が訪れる

コロナショックでマーケティングの根本が変わった！

新型コロナウイルス感染症がマーケティングに与える影響は今後ますます大きくなる。コロナショックが起きた2020年3月から1年も経たないうちに、それまでの10年間を も超えるスピードで企業のマーケティングを取り巻く環境が大きく変化しているからである。

たとえば消費者のニーズは、巣ごもり消費、動画配信サービスの契約者数増加、オンライン購買といったミクロな変化にとどまらず、安全面や健康面、生活の質の向上、地理的距離、さらには社会的意義がある製品・サービス（ソーシャルグッド）か、といった点も求められるようになってきた。こうした消費者ニーズの大変化によって、マーケティング戦略そのものも変化させる必要がある。

具体的なデータを見てみよう。コンサルティング会社のＰｗＣが2020年9月10日に公表した『世界の消費者意識調査2020』では、4447名の回答者のうち69％の人が新型コロナウイルスの発生により、「メンタルヘルスや健康への意識が高まった」としており、63％の人は「食事にこれまで以上に注意と関心を払う」と答えている。さらに、45％の人は「プラスチックゴミをできる限り排出しないようにしている」と答えている。これらの数値から、コスパ重視で安ければ良いといった価値観とは違う新たなニーズが生まれてきていることがわかるだろう。

また、楽天インサイトが２０２０年6月24日に発表した『サステナブルな買い物に関する調査』でも、新型コロナウイルス感染症の蔓延以降、サステナブルな買い物を意識する人は32・９％にものぼり、今後の人生についても「個人の幸せだけでなく、社会全体のことを考えていきたい」「病気の予防になることを積極的に取り入れていきたい」という回答が新型コロナウイルスの蔓延前よりも増加している。

さらにご承知おきの通り、消費者の購買動向も大きく変化し始めている。前述のＰｗＣの調査では、新型コロナウイルス感染症の蔓延後、50％の人が店舗での購買が減ったと答える一方で、モバイル経由は49％、ＰＣ経由も41％の人が増加したと答えており、オンラインでの消費は急増している。

同様にボストン・コンサルティング・グループが２０２０年5月26日に公表した『新型コロナウイルスに関する消費者意識調査』では、カテゴリーごとの支出予定が記載されている。特にオンライン消費の増加が顕著なのが衣料品、高級ブランド品、サプリメント、化粧品といった女性を中心とした消費市場である。一方で、飲料や生鮮食品といった消費財関連は、「オンライン消費を増やす」と回答した人が4～5％程度にとどまっている。ただし、個人向け商品のオンライン化比率は、経済産業省が2020年7月22日に公表した『電子商取引に関する市場調査』の中で6・7％程度から10％程度まで拡大するとされており、新たに4兆円の市場が誕生することになることは頭に入れておく必要がある。

以上の目に見えた変化に加えて、まだ現れていないマクロ環境の変化についても押さえておく必要がある。それは、2020年9月16日に菅政権が誕生したことである。菅義偉首相は安倍政権の政策をさらに押し進めるだけでなく、2022年のデジタル庁の設立を中心に、デジタル・トランスフォーメーション（DX）の推進を政策として掲げている。これらの政策によって、官・学・民のすべてで急速なデジタル化が進むことが予想されている。これまでも幾度となくデジタル化については議論が進んできたが、今回は省庁の独自政策ではなく官邸主導ということもあり、その本気度がうかがえる。2021年は真の〝デジタル元年〟と呼ばれる年になるであろう。

マーケターにとってこうしたマクロ環境の変化も含めて、**自社のマーケティングがどのように変化していくのかを理解すること**は必須であろう。

時代とともに変化する企業の〝差別化要素〟

以上のような新型コロナウイルス感染症の拡大に伴う大きなトレンドの変化によって、企業の競争優位の源泉も変化していく。それは、製品ターゲティングやポジショニングの良し悪しといったマーケティング戦略レベル、そして広告や商品の良し悪しといった戦術レベルを超えて、**企業ブランディングそのものが問われるようになること**を意味する。つまり、重要視される差別化要素が、２０１０年以前の製品がイノベーティブか、潜在的なターゲットを捉えるかといった考えから、その企業の製品・サービスを愛せるか、この製品・サービスを提供する企業を信頼できるか、会社のビジョンに共感できるかといった、**企業ブランディングそのものに変わること**を意味する。

これに関しては中川政七商店の13代目会長である中川政七氏が、『日経トップリーダー』の２０２０年6月号のインタビューにおいて、「アフターコロナでは、製品デザインよりも企業のブランドとビジョンが重要であり、経営と直結したマーケティングが重要である」と説明している。他にも、メンバーズが２０２０年7月6日に公表した『新型コロナウイルスによる消費者調査』では、「新型コロナウイルスの解決に積極的に取り組む企業やブランドの製品を購入したい」と答えた人は61％にものぼり、このことからも製品ブランドよりも企業ブランドが重要であることが裏付けられる。

以上のように、アフターコロナでは、企業ブランディングへの投資はＣＭＯ（Chief Marketing Officer：最高マーケティング責任者）を含めたマーケティング担当者が重点的な検討要素とするべきであり、それに合わせて自社のマーケティング戦略そのものの見直しを迫られることになる。このことから、ＣＭＯを中心として、経営に果たす役割がより広く、深くなっていくと予想される。

今後マーケティング戦略を立案する上で、この変化を理解できなければ、消費者ニーズとズレた企画やマーケティングを行い続け、最終的には消費者からの支持を失い、企業の屋台骨が揺らいでいくことになりかねない。

本書ではこのことを前提として、アフターコロナのマーケティング戦略について解説を行っていく。

「戦略マーケター」としての役割

ややマーケティングから横道にそれるが、経営戦略論の世界では、企業組織の最適な形態や組織に必要な人材は経営戦略によって定義されるとされてきた。これを「組織は戦略に従う（structure follows strategy）」と呼ぶ。この考え方から、現在では経営戦略の実現を人事面からサポートする「戦略人事」という役割もベンチャー企業や外資系企業を中心に普及してきた。

筆者はマーケティングにおいても、「**マーケティングは戦略に従う**（marketing follows strategy）」と考える。なぜなら、企業ごとに経営環境の変化に対応した戦略があり、それと合致したマーケティング戦略と戦術が必要だからである。

すると、先に少し触れたように、ＣＭＯを中心として、マーケターは経営戦略を深く理解した上で、それを実現するためのマーケティング戦略や戦術を検討していく必要がある。あえてネーミングするとすれば、ＣＭＯの役割、もしくはＣＭＯ以外の役割として経営戦略を実現するためのマーケティングを考える「戦略マーケター」としての役割が必要となるだろう。

このようなマーケターの新しい役割を含めて、本書では、**①アフターコロナにおいてマーケティング戦略がどのような経営環境によって変化していくのか、②その中でどのようなマーケティングの潮流があるのか、③具体的にどのようなポイントを押さえてマーケティング戦略を立案し、それを実行していくのか**について解説していくことにする。

また本書では、さまざまなデータや事例をもとに解説をしている。本書をもとに、主に経営メンバーとのディスカッションやマーケティング会議などの場で、組織・チームで目線を合わせて今後のマーケティングについて議論することをお勧めしたい。そうすることで、現場の声も聞きながら現実的なマーケティング戦略を立案することができるようになるからである。

少し前置きが長くなったが、これから、アフターコロナのマーケティング戦略について、具体的に見ていくことにする。

第1部　アフターコロナのマーケティング戦略策定

第1章　ウィズコロナから取り組む！　脱〝縦割り〟のマーケティング戦略　23

第6章

アフターコロナの商品企画　203

第8章

マーケティング・マインドの全社展開

■会員特典データのご案内
本書の読者特典として、「事例集」をご提供致します。会員特典データは、以下のサイトからダウンロードして入手いただけます。

https://www.shoeisha.co.jp/book/present/9784798169606

●注意
※会員特典データのダウンロードには、SHOEISHA iD（翔泳社が運営する無料の会員制度）への会員登録が必要です。詳しくは、Webサイトをご覧ください。
※会員特典データに関する権利は著者および株式会社翔泳社が所有しています。許可なく配布したり、Webサイトに転載したりすることはできません。
※会員特典データの提供は予告なく終了することがあります。あらかじめご了承ください。

●免責事項
※会員特典データの提供にあたっては正確な記述につとめましたが、著者や出版社などのいずれも、その内容に対してなんらかの保証をするものではなく、内容やサンプルに基づくいかなる運用結果に関してもいっさいの責任を負いません。

第1章

ウィズコロナから取り組む！脱〝縦割り〟のマーケティング戦略

1-1 経営理念／パーパスとマーケティングの関係性

「マーケティングは戦略に従う」

「はじめに」でも述べたように、コロナ禍で消費者行動が大きく変化し、それに伴って企業の経営戦略を大きく転換することが求められるようになった。

たとえば飲食業界に目を向けると、これまで飲み会や会食などで利用されていた居酒屋という業態は、新型コロナウイルスへの感染を避けるために、多くの人の足が遠くなり、大きな打撃を受けている。そのため、居酒屋チェーンのワタミは日用使いの唐揚げ店や焼き肉店へと業態転換を図っている。また、こうした動きから、ビールメーカー各社も飲食店での消費ではなくスーパーやコンビニエンスストアでの自宅向け消費へと大きく舵を切り替える必要が生じている。

他にも大手のアパレルメーカーを見てみると、ナノ・ユニバースなどのブランドを持つ

ＴＳＩホールディングスは２０２０年度半期で１４４億円の赤字、レナウンは民事再生手続きを申請、ユナイテッド・アローズは7カ月連続で売上減と、百貨店を中心とする店舗展開は暗礁に乗り上げている。一方で、ユニクロは２０２０年3～5月までは厳しい売上げだったものの、6月からは復調。8月は対前年比1・29倍の売上げとなっている。百貨店での高級ラインの服から、ライフスタイルに合ったアパレルが売れる時代になってきているのである。

このように、経営戦略、そして主たる事業内容が変更されると、それに伴って、企業に求められるマーケティングが変化する。これが「**マーケティングは戦略に従う**」という非常に重要な考え方である。

マーケティングは経営理念実現のためにある

さらに本節では一歩踏み込んで、経営戦略よりも上位の次元である、**「経営理念／パーパス（会社の究極の目的）」とマーケティングの関係性**について考えてみたい。

図1を見ていただきたい。ご存じの方には恐縮だが、経営におけるそれぞれの業務の役割を示している。

図1　企業の全体構造

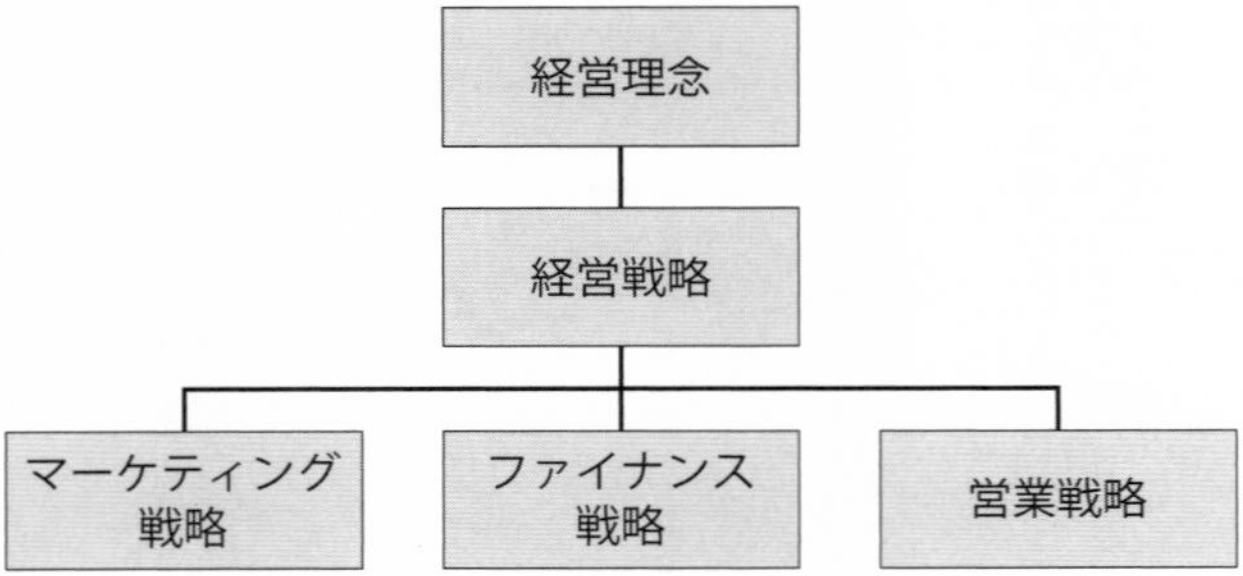

会社全体の舵をとるためには、最上段に会社の「経営理念」があり、その下にその経営理念をビジネスとして実現するために、どのような事業をどのように行うかという「経営戦略」、そして経営戦略の中で勝っていくための手法として「マーケティング戦略」があるという構造になっている。

では、そもそも会社のゴールとは何だろうか。「私はマーケティングの話を知りたいのであって、そんな話を聞きたいのではない」と思わずに、改めて考えてみていただきたい。このことは、今後のマーケティング戦略を考える上で、非常に重要なプロセスである。

「らしさ」を伝えるマーケティングの役割

筆者は会社のゴールとは、**「会社の経営理念やパーパスの実現」にある**と考えている。

表1　著名企業の経営理念

	企業名	経営理念
1	P&G	すぐれた製品とサービスを通じて、現在そして未来の、世界の人々の暮らしをよりよいものにする
2	ニトリ	住まいの豊かさを世界の人々に提供する
3	ファーストリテイリング	服を変え、常識を変え、世界を変えていく
4	トヨタ自動車	クリーンで安全な商品の提供を通じて、豊かな社会づくりに貢献し、国際社会から信頼される良き企業市民を目指しています
5	日本電産	我社は科学・技術・技能の一体化と誠実な心をもって全世界に通じる製品を生産し社会に貢献すると同時に会社および全従業員の繁栄を推進することをむねとする
6	Amazon	地球上で最もお客様を大切にする企業

表1を見ていただきたい。著名企業の経営理念である。たとえば、P&Gの経営理念は、「すぐれた製品とサービスを通じて、現在そして未来の、世界の人々の暮らしをよりよいものにする」であるが、この表現の中にP&Gが成し遂げたいと考えていること、つまり経営のゴールが端的に表れている。

他にも、ニトリのロマン（経営理念）は、「住まいの豊かさを世界の人々に提供する」であり、ロマンを原点に、30年ビジョンである「3千店舗、3兆円」を実現すると掲げている。こちらのロマンにもニトリならではの経営のゴールが現れている。他の会社にはない、ニトリ〝らしさ〟が現れているといえよう。

このような会社の経営理念という大きな「ゴール」を実現するために、企業はビジネスを展開し、そのビジネス拡大のためにマーケティング活動を行っている。

そうすると、マーケティング活動そのものが会社の経営理念の実現に大きな役割を持っており、消費者の声を集めながら、最も消費者目線から経営理念の実現に貢献していることになる。

コロナ禍でマーケティング機能は多機能化・高度化が求められる

ただし、やや注意が必要なのは、現在はこれまでの平時とは異なり、コロナ禍にあることである。

前述のように、多くの企業がこれまでのビジネスのあり方の見直しを迫られている。その流れの中で、多くの企業において、「経営理念に還ってビジネス展開をしよう」「パーパス（会社の目的を意識した）経営だ」といったことが大きく議論されている。

さらに筆者は、これまでの経営理念やパーパスを見直し、新しい経営理念のもとに、アフターコロナの経営を行う企業が増加すると考えている。実際、私のもとにもそうした相談の依頼が増えている。

そうすると、企業ブランディングや個別商品のブランディング、広報・ＰＲ、広告といった、企業の中でも消費者に近く、かつ広範な領域を守るマーケティング部門がなすべき役割がより多機能化・高度化していくだろう。

これまでマーケターが主に追いかけてきたＫＰＩ、たとえばＣＭＯが管轄する売上予算、そして各マーケティング部署が管轄する集客数やＣＰＡ（Cost Per Acquisition／1顧客獲得コスト）、ブランド効果などのＫＰＩは今後ももちろん重要ではあるが、それらに加えて、消費者へ会社の経営理念やビジョンを伝えることも新しい機能として重要になっていくだろう。

As-IsとTo-Be分析からスタートを

以上のように、マーケティング部門の役割が多機能化・高度化していく中で、ＣＭＯを中心としたマーケティング部門は、まず何をすれば良いのだろうか。

このときにするべきなのは、**御社の顧客がどのように感じているのか、現状と今後についてのAs-Is（現状）-To-Be（将来像）分析**である。

図2を見ていただきたい。外部環境の変化と消費者の変化が現在と今後でどのように変化するかを分析するためのフレームワークである。フレームワークを活用する際には、ま

図2　消費者のAs-Is-To-Be分析

	As-Is（現状）	To-Be（将来像）
消費者からの見え方	例：コロナ禍の社会の中でも安定的な品質で商品を提供してくれる企業	例：社会問題と顧客の課題の両方を改善する製品を提供してくれる信頼のブランド
外部環境の変化	• 巣ごもり消費 • 非接触／非対面 • EC化、ショッピングのデジタル化	• SDGs • 5G • DX

ず左側の、ウィズコロナでのAs-Is（現状）についての顧客／消費者からの認識の分析を行っていただきたい。

具体的な手順としては、コロナ禍の中で御社のイメージと商品がどのように見られているのかをこのタイミングで整理しておく必要がある。手法としては、改めて顕在消費者、潜在消費者問わず、コロナ禍の今だからこそ自社の製品について体系的なヒアリングを行うことを推奨する。その際に、コロナ禍のキーワードである「巣ごもり消費」や「非接触／非対面」、「EC化、ショッピングのデジタル化」といった外部環境の変化について顧客／消費者がどのように考えているのかについてもヒアリングする必要がある。コロナ禍で消費者の行動が大きく変化している中で、御社のブランディングに大きな影響が出ていないか、今まさに消費者は御社の商品をどのように受け止めているのか、これをヒアリングするのである。

続いて、分析したAs-Isをもとに、アフターコロナにおいて、マクロ的な外部環境と消費者が購買時に重視するポイントがどのように変化するのか、つまりTo-Be（将来像）を同様に理解することである。

アフターコロナの時代には、デジタル庁を含めた「ＤＸ」の推進、５Ｇの本格的な普及、さらには環境問題やエシカル消費などの新しい社会像／消費者像の確立といった変化が見込まれる。

ただし、これらについてはヒアリングすることが難しい。したがって、こうした変化をもとに、顧客／消費者のニーズがどのように変化するのか、といったオリジナルの判断軸を設けることになる。その際に重要なのが、「**どのように見られたいのか**」という視点である。これも持った上で、経営陣、マーケティング部共同で将来像を作り上げていただきたい。

1-2 アフターコロナのマーケティング戦略は「統合型」か「分散型」か？

「統合型」の戦略と「分散型」の戦略

ここまで、経営理念とマーケティング部門の関わりについてマクロ視点から議論を行ってきた。本節以降ではこの考え方をベースとして、アフターコロナのマーケティング戦略について、よくある誤解や誤った認識を正しながら、具体的に検討していくことにする。最初のテーマは**「統合型」、「分散型」、どちらのマーケティング戦略を選ぶべきか**である。

統合型マーケティング戦略の特徴

「統合型」のマーケティング戦略とは、**マーケティング全体の戦略を明確かつ厳格に策定し、それに沿ったロジカルなマーケティング戦術を展開するもの**を指す。

「統合型」のマーケティング戦略においては、まずは戦略の骨格である顧客のＳＴＰ（セグメンテーション・ターゲティング・ポジショニング）と４Ｐ（プロダクト・プライス・プレイス・プロモーション）全体を過去データと定性的な顧客インサイトを踏まえて決定する。ＳＴＰとは、どのような市場で、どのような顧客に、どのような差別化をして販売するかという戦略である。具体的には、どのようなセグメントの市場で、どのような顧客にターゲットを絞り、どのような地位（ポジション）を築き上げるのかを決定する。４Ｐでは、ＳＴＰで決定した戦略をもとに、どのような商品・サービスにするのかを具体化する。具体的には、どのような商品を、いくらで、どのようなチャネルで、どのようにプロモーションするのかを決定する。

次に、売上げや収益など目標とするＫＧＩ（Key Goal Indicator：主要な達成目標）と、それを達成するためのＫＰＩ（Key Performance Indicator：主要な業績目標）を設計し、顧客獲得コストであるＣＰＡとコストに対する売上げであるＲＯＡＳ（Return Of Advertising Spend：売上対広告費率）、顧客獲得数であるＣＶ（Conversion）といった定量的なマーケティング目標を軸に、ブランディングやＰＲ効果といった定性的なマーケティング目標を加えた全体的な戦略と数値目標を作る形となる。それを具体的なマーケティング戦略の中で、広告のオンライン比率／オフライン比率、チャネルのリアル販売比率／ネ

図3　「統合型」のマーケティング戦略

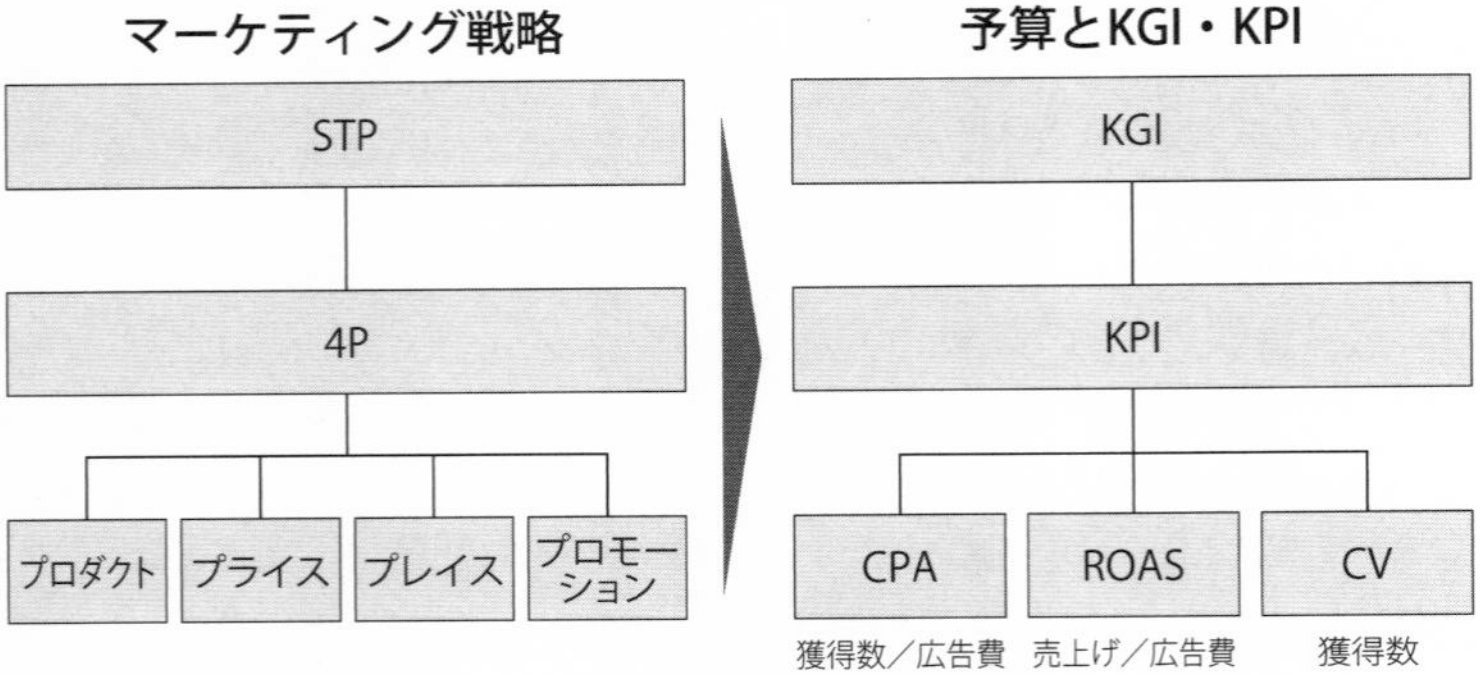

ット販売比率、メディア調査／インターネット調査での消費者イメージといった具体的なマーケティング戦略を練るというものである。

現在多くの大企業や外資系の企業などでは、このような統合型のマーケティング戦略を策定しているところが多い一方で、中小企業などでこれを実現できているところは少ないのが現状である。なぜなら、中小企業ではマーケティングの全体像が非常につかみづらく、専門性も高いため、統合型の戦略のような全体像を描いた上で具体的なマーケティング戦略を立案することができていないからである。大手企業ならば、分野ごとに外部の広告代理店や販売業者、メディアなどに委託しているため、統合型の戦略を立案した上で、日々の対応は広告代理店に任せ、月次ベースで修正するようなやり方をしているため実現可能だが、中小企業ではこうしたことは難しい。

分散型マーケティング戦略の特徴とメリット

中小企業では「統合型」のマーケティング戦略を行うのが難しいが、反面、「分散型」のマーケティング戦略が有効である。

「分散型」のマーケティング戦略は、マーケティング戦略全体をがっちりと固定的に固めるのではなく、**ある程度の予算と目標の中で、顧客の状況や自社の製品状況、営業状況などを踏まえて柔軟に変化させていくもの**で、成長著しいベンチャー企業や老舗で長く成功している企業のマーケティング戦略を筆者がヒアリングしている中で見つけたモデルである。

分散型のマーケティング戦略では、ＳＴＰや４Ｐという大枠は統合型のマーケティング戦略と同様だが、それ以外はより現場を重視したもので変化に富む。大枠の予算と目標値（顧客数、コスト）を押さえたら、日々の数値を見ながらＰＤＣＡを重視して運用が行われる。具体的には、予算を１千万円、目標客数が１千人、ＣＰＡが１万円という目標を立てたら、その数値を守り切るという受動的な運用ではなく、その数値をベースとして、より良くするためにはどのような改善ができるかという現場での試行錯誤を行うのである。

すると、より変化の早い成長企業、ベンチャー企業、さらには大企業の子会社、中小企

図4　分散型のマーケティング戦略

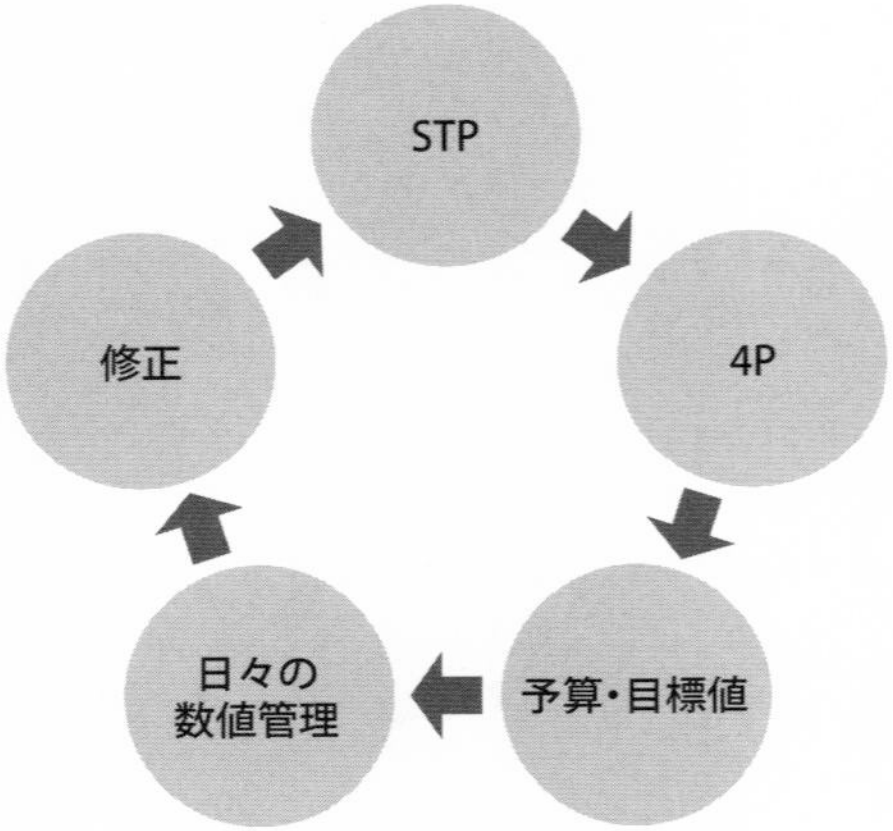

業などでは、柔軟にマーケティング戦略を変化させながら、顧客・消費者に合わせた対応を行うことができ、それによって、より効果的なマーケティングプランになるのである。

しかしながら、このように柔軟性を持った戦略はさまざまな社内とのつながりがないと実現が難しい。逆にいえば、そのようなつながりをマーケティング部が中心となって築き上げることで、全社一丸となった戦略実現が可能になる。

このやり方は、固定化された本丸事業とは異なり、実は潜在的なターゲット顧客が別のところにいる、自社の製品がそもそも市場とマッチしていなかったといったことが起こり得る未成熟な事業でこそ絶大な効果がある。

筆者が実際に目にしたケースでは、ある大

手金融子会社が立ち上げた新規事業において、まだ市場性も不明瞭な段階で、大規模な予算と複雑なパートナーが絡み合ったマーケティング戦略が立てられていたことがあった。このような戦略は本業では有効であっても、新規事業には適さない。

ウィズコロナ、アフターコロナのマーケティング戦略とは？

以上の知識を前提に、ウィズコロナ、アフターコロナのマーケティング戦略はどちらのパターンが適しているかといえば、**当面の間は「分散型」に軍配が上がる**だろう。なぜなら、変化が激しく、先が見通しにくいウィズコロナおよびアフターコロナの初期段階において、誰もが明快な答えを持ってマーケティング戦略を作り、それを具体的な戦術に落とし込んで実現化していくのは困難だからである。

本業が現状でもしっかり安定している企業ならば「統合型」でも良いかもしれない。しかし、多くの企業は今後、そもそも本業自体が変わるかもしれず、ターゲットとする顧客や商品までもが変わっていく可能性もゼロではない。そのような中、「統合型」一辺倒のマーケティング戦略では、後々失敗を招く可能性が高い。

一方で、「分散型」のマーケティングであれば、全社の方向性や新型コロナウイルスの感染状況、現在ではまだ見えにくい消費や景気の動向などを見極めながら、攻めと守りをバランスよく考えた戦略を実現できる。

この「統合」から「分散」へという考え方の変化は、アフターコロナのマーケティング戦略の中で大きなパラダイムシフトになる。ＣＭＯだけでなく、経営者も理解しておくべき変化となろう。

1-3 〝オンライン〟か〝オフライン〟かの罠：巣ごもり消費時代のマーケティング

画一的なマーケティングの罠

マーケターや経営者の方から、巣ごもり消費時代には「オンラインとオフラインどちらで販売／広告を行えば良いか」という質問をよく受ける。

結論としては、**どちらがいいといった絶対的な正解はなく、顧客の属性、感染状況、消費動向などを見極めながら、あるときはややオンライン寄り、あるときはややオフライン寄り、といった柔軟な判断がマーケター（CMOや経営者も）には求められる。**

これは、どちらかに偏りすぎてしまうと、もう一方で効果的な広告手法が現れた際にそれらを取り入れることが遅れたり、自社の中でのノウハウの蓄積がしづらくなったりする恐れがあるからである。これがタイトルに付けた「オンラインかオフラインか」という画一的なマーケティングの罠になる。

オンライン広告はウィズコロナでどうなったのか？

そもそも巣ごもり消費時代に「マーケティング予算をどう考えているのか」と各社の経営者やマーケティング担当者と話をすると、「巣ごもり消費時代はウェブ広告の時代だ」「動画配信サービスがユーチューブやティーバー、アベマＴＶなどへのプラットフォームへの広告を強化している」「ＭＡ（Marketing Automation）ツールは有効だ」など、ウェブマーケティングへの投資が完全解のような発言をする人が多い。では、実際のところ、各社の実態はどうなのだろうか。

２０２０年8月6日にサイバー・コミュニケーションズ（ＣＣＩ）が発表した『新型コロナ禍における２０２０年上期インターネット広告市場動向および２０２０年下期業種別出稿動向予測』によると、２０１９年と比較し、20年上半期は新型コロナウイルスの影響でインターネット広告を減らした企業（５４０人の回答）は61・５％にものぼる。しかも、そのうちの20・４％は大きく減少したという。

では、具体的にはどのようなオンライン広告が減少したのか。図5を見ていただきたい。これを見ると、広告額が大きく減少したのは予約型広告（たとえば飲食業や旅行業など）の22・２％減を筆頭に、アドネットワーク、アフィリエイトといった広告である。一方で、

図5　広告別の出稿状況

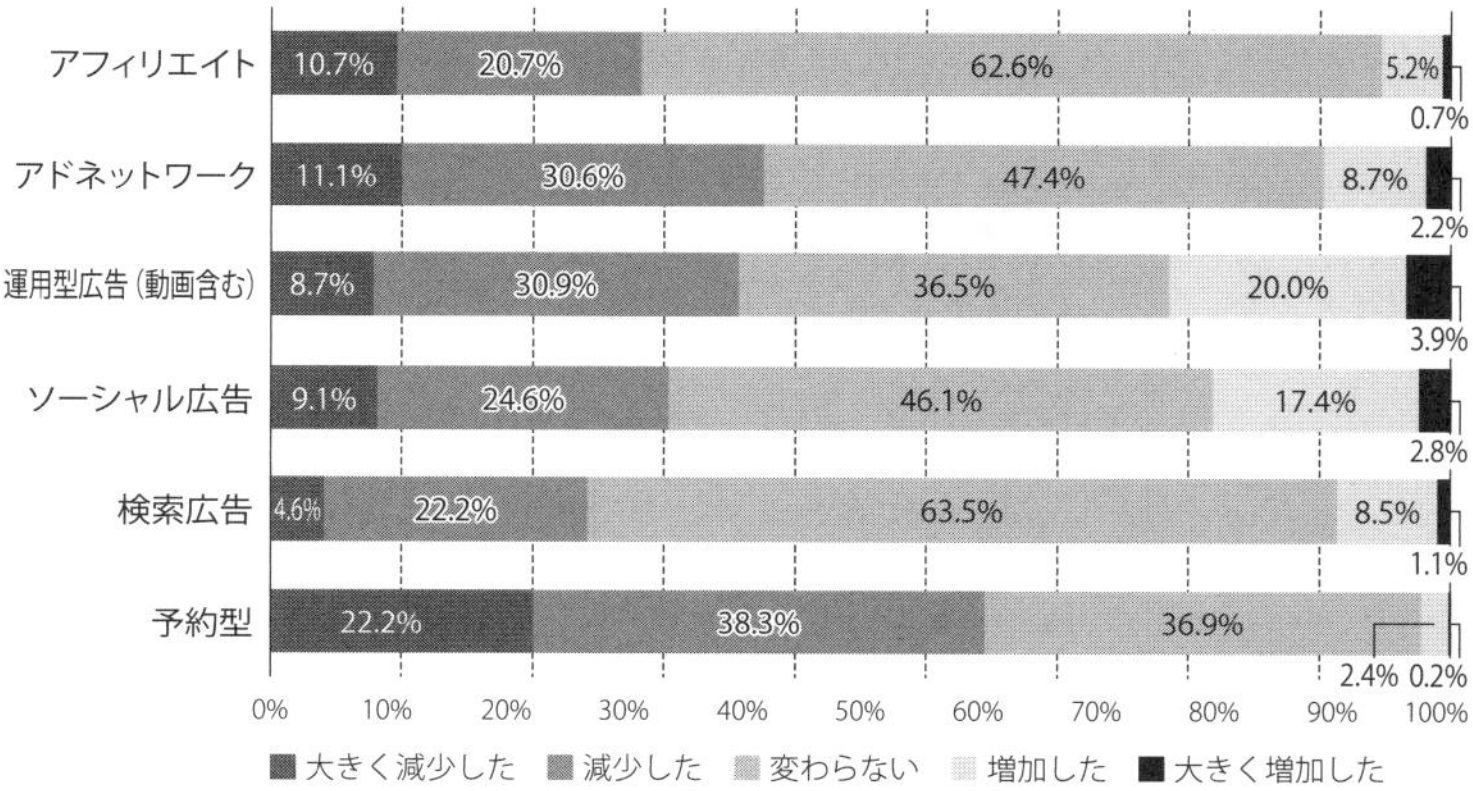

出典：CCI『新型コロナ禍における2020年上期インターネット広告市場動向および2020年下期業種別出稿動向予測』より筆者加筆修正

検索広告はわずか4・6％の減少、ソーシャル広告、運用型広告も減少は10％以下と小幅にとどまっている。また、増加した広告を見ると、運用型広告（特に動画広告）が20・0％増加しており、さらに3・9％が大きく増加したとなっている。この数値は前述の経営者やマーケターの感覚と合致している。

アフターコロナで広告が減った業界とは？

次に図6を見ていただきたい。これによると、業種としては緊急事態宣言と外出自粛による厳しいあおりを受けた「交通・レジャー」が突出して大きいものの、「化粧品・トイレタリー」や「ファッション・アクセサリー」、「流通・小売り」、「不動産・住宅設備」

図6　業種別のインターネット広告を減らした企業比率

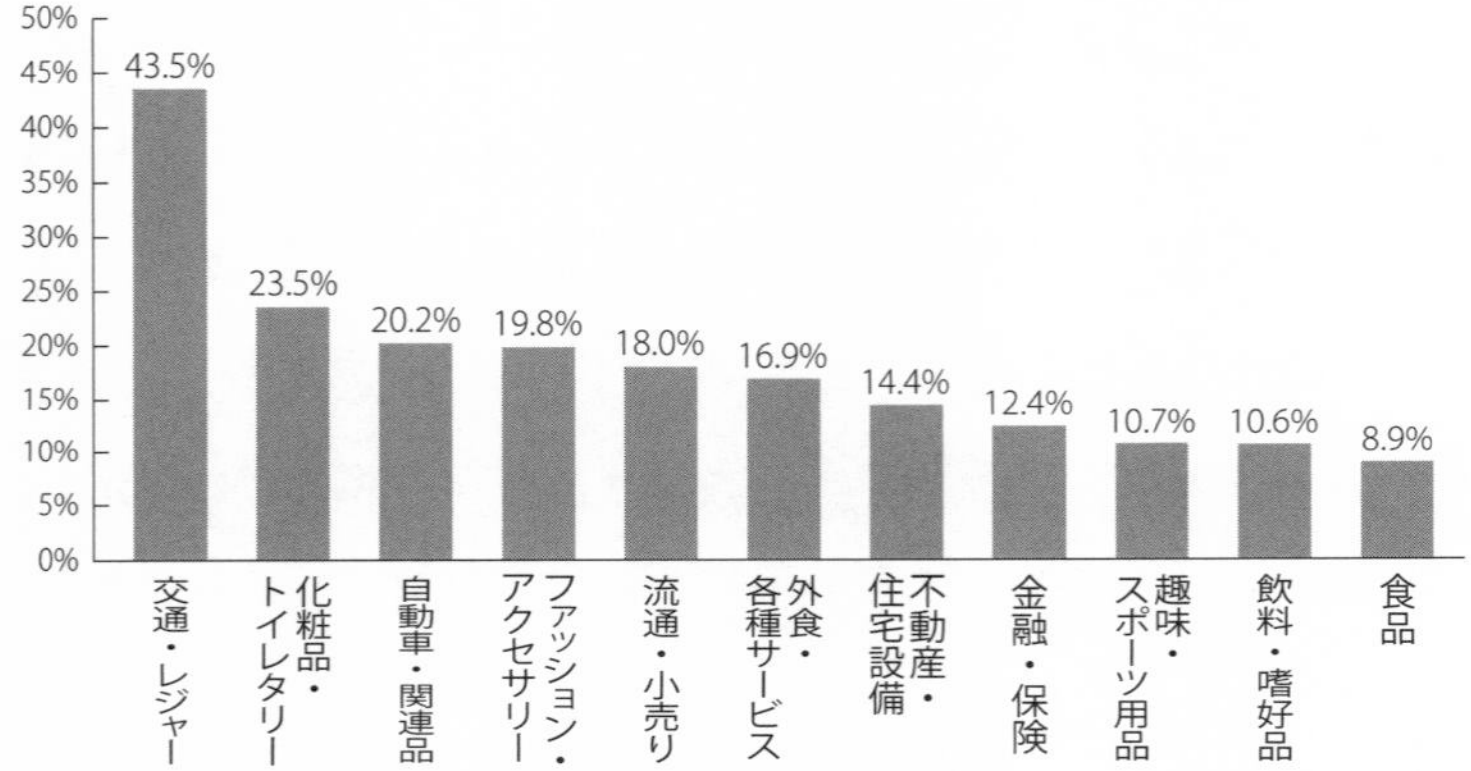

出典：CCI『新型コロナ禍における2020年上期インターネット広告市場動向および2020年下期業種別出稿動向予測』

といったあまり大きな影響を受けていない企業までインターネット広告を控えていることがわかる。これは、緊急事態宣言以降で店舗の営業が困難になったことから、これらの業種でも顧客対応が難しくなり、広告費を抑制したのが実際のところであろう。

すると、これらの業種では、アフターコロナに向けて、早ければ2021年中盤、遅くとも22年からはインターネット広告を以前と同水準かそれ以上に増加させていくことが予想できる。

巣ごもり消費時代は「インターネット広告」一強か？

このような流れを踏まえて、「ＥＣ化、Ｄ

X化が進む中でオンライン広告は絶対的だ」と考えるマーケターの方もいる。確かに巣ごもり消費の時代においては、店舗販売よりもネット販売のほうが増加する業種も多い。しかし、「はじめに」で紹介したEC化の流れはアパレルやラグジュアリーブランド、化粧品、サプリメントなどの一部の業種であって、それ以外の業種のオンライン販売比率はいまだ低水準である。その水準が今後アフターコロナの2~3年の間に急速な勢いで変わるとは思えない。したがって、EC化、DX化が進展しても、ネット販売が店舗販売を追い抜くまでには、どんなに速くても今後10年くらいはかかるであろう。これはオンライン化が進むアメリカの中でも、小売りのウォルマートやターゲット、中国のアリババが提供するOMOスーパーのフーマーが強いことがその根拠となる。

また、B2B業種についても、オンライン広告やMAツールを活用したウェビナー、動画広告などが増加しつつあるが、たとえベルフェイスなどのオンライン商談ツールを使ったとしても、対面で直接話すことのメリットにはかなわない。

ご承知おきの通り、オンライン広告にもオフライン広告にもメリット/デメリットがある。図7を見ていただきたい。

オンライン広告はターゲット顧客のきめ細かなセグメント設定、その後の購買までの顧客行動のデータ獲得、それに伴うPDCAを回すことには適しているし、加えて低予算で

図7　オンライン広告、オフライン広告の強みと弱み

	オンライン広告	オフライン広告
メリット	• 細かなセグメント化 • 顧客行動のデータ化 • データによるPDCA • 低予算 • 最適なチャネル設計	• 大規模な露出量 • 潜在顧客への訴求 • ブランディング効果
デメリット	• 潜在的な顧客へのタッチポイント • 顧客リレーション	• 数的な検証 • 顧客行動のウォッチング • 高額予算

始めることができるメリットがある。またフェイスブック広告はよりB2Bに強く、ユーチューブやアベマTV、ティックトックなどはB2Cで、かつ比較的若い世代に強いといった特徴もあるため、自社に最適なチャネルを探しやすい。一方で、潜在的な顧客をターゲットにしたり、顧客との接点を作ったりするのには適していない場合も多い（近年はオンライン広告を補う形で各種のMAツールやClickFunnelsなどのようにセミナー配信プラットフォームなどもあるから一概にはいえないが）。

その点、オフライン広告は「目に入る」という意味では潜在的なターゲットには強いし、何度も目にすることでその商品やブランドへ愛着が湧くようになる。したがって、ある程度の規模を獲得しようとするならば、依然としてオフライン広告のほうに強みがある。逆に、その人が実際に購買に至ったかど

うかというデータ面が弱いため、顧客を細かなセグメントに分けて広告を打つことができないという弱点はある。

なお、これまでオフライン広告の弱みであった高コストについては、最近はラクスルが提供するオンラインテレビCM出稿サービスである「ノバセル」のように、定額からテレビCMを始められるサービスもあり、これまでの常識が変わりつつある。

以上のように、オンライン広告／オフライン広告どちらも明確なメリット・デメリットがある。再三で恐縮だが、オンラインかオフラインかといった決め打ちではなく、1-1で考えていただいた経営理念を実現するためのマーケティング、そしてアフターコロナにおいて消費者にどのように思われるべきなのか、この2点のどちらかに偏りすぎることなく、バランスをとっていただきたい。

そうしなければ、気が付かないうちに自社の製品が顧客に届かなかったり、自社に最先端のノウハウがたまっていなかったりする「罠」に陥りかねないのである。

1-4 〝マーケティング・マイオピア〟の再来

マーケティング・マイオピアとは？

ここまでウィズコロナ、アフターコロナで注目のキーワードを中心に今後のマーケティング戦略のあり方について説明をしてきた。

これらを理解した上で、今後の事業の成否を占う、重要なキーワードがある。それは、アフターコロナで起き得る **「マーケティング・マイオピア（マーケティング近視眼）」を防ぐこと**である。

マーケティング・マイオピアとは、そもそもハーバード・ビジネス・スクールのセオドア・レビット教授が１９６０年に『ハーバード・ビジネス・レビュー』上で発表した論文の中で唱えたマーケティング概念である。マーケティング・マイオピアの状況とは、自社の製品志向（product-oriented）が強くなりすぎるあまり、顧客志向（customer-oriented）

が抜け落ちてしまうという考えである。

レビット教授は、このマーケティング・マイオピアの考え方を、アメリカの鉄道会社が自動車事業に参入し損ない、事業を大きく拡大できなかった話を例として紹介している。「鉄道会社は自社の事業を自動車や航空事業を含む輸送業という大きなくくりではなく、鉄道業という狭い範囲にとどめてしまった結果、大きな市場を逃してしまった」のである。

当時のアメリカは、第2次世界大戦が終結したその年から自動車や航空事業が普及し始めていた。その中で、新しい事業を見つけることができた自動車や航空会社とそうでなかった鉄道会社の差が、顧客志向か製品志向か、といったものであり、製品志向の企業がマーケティング・マイオピアに陥って、大きな市場を取り損ねてしまった。

このマーケティング・マイオピアの概念で重要なのが、資金力や製品力の差ではなく、新しい市場、つまり**顧客の新しいニーズの変化に対応することができたのか**、ということである。資金力や顧客数では圧倒的で、知名度でも当時黎明期だった自動車会社を上回る鉄道会社がなぜ衰退していったのかが、重要である。

マーケティング・マイオピア再び

現在、このような大きな節目が再び現れている。それが新型コロナウイルスの感染拡大であり、これをきっかけに、新しい事業の芽がウィズコロナ、そしてアフターコロナの世界で生まれようとしている。

たとえば、ＤＸによる産業のＩＴ化・高度化、ＥＣ化、５Ｇの普及によるＩｏＴ製品や工場のＩＴ化、クリーン・エネルギー、キャッシュレスの進展、ＳＤＧｓなど、アフターコロナにおいて普及が見込まれる、これらのテーマを背景に、今のままであり続ける業界を探すことが難しいほど、日本企業は変化を迫られている。

一方で、多くの企業はアベノミクス以降の7年間で好景気の影響を受け、大きな変化がなくとも成長を続けることができてしまっていた。景気が良かったから、事業よりもむしろ人手不足のほうが心配で、人がいれば売れる状況でもあった。

それがコロナショックともいうべき大きな節目によって逆転してしまった。有効求人倍率も大きく下がり、企業の決算も赤字企業が増加。これまでの10年間で蓄えた企業間の差が、再びゼロに戻ってしまったのである。

今後アフターコロナで成功するのは、マーケティング・マイオピアにならず、改めて自社と顧客の価値を見直す企業、失速するのは、マーケティング・マイオピアに陥った企業である。つまり、レビット教授が1960年に説いた概念が再び多くの企業の目の前に差し迫っている。

そして、そのマーケティング・マイオピアになるか、ならないかという重要な局面を左右するのが、**マーケターの役割**なのである。

マーケティング・マイオピアを防ぐためのワーク

図8を見ていただきたい。マーケティング・マイオピアを防ぐためのワークを用意した。まず埋めていただくのは、左側の4マスである。ここでのポイントは、**自社の主力事業だけではなく、新たな事業機会がどのようなものであったのか、主力顧客以外にどのような顧客に注力していたのかを振り返って記載すること**である。もしウィズコロナの現在でも大きな変化がなければ、そのまま記載しても良い。

その次に、ここまで紹介してきたマーケティング・マイオピアに陥らないように、アフターコロナにおける自社の主力事業とは何になり、新たな事業機会として何を捉えるべきなのか、また、ターゲットとする顧客はそれぞれどのように変化していくのか、を記載す

図8　マーケティング・マイオピアを防ぐためのワーク

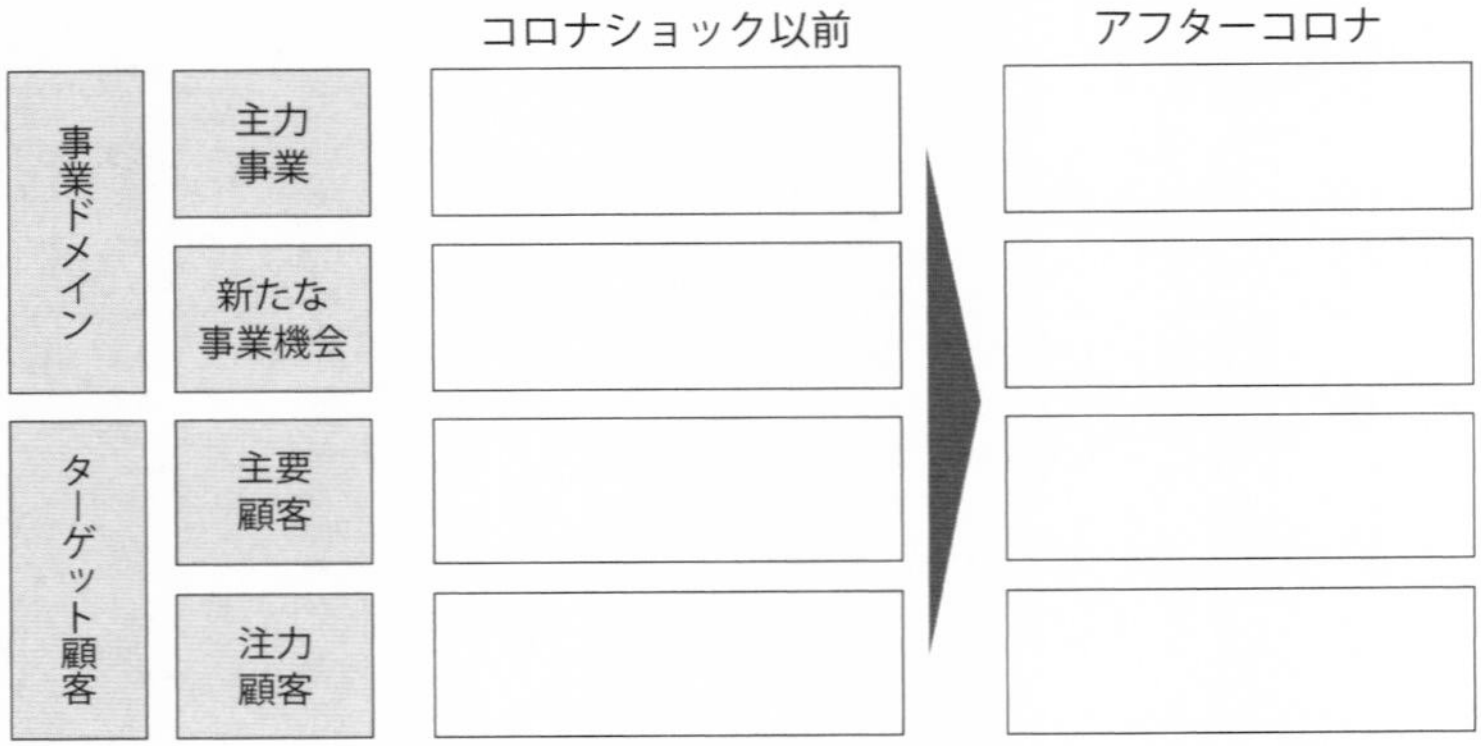

る。注意点は、あくまで顧客・消費者目線で考え、自社の言い分をなるべく控えることである。鉄道会社ではなく、自動車会社の目線である。

これをやることで気が付いた人もいるかもしれないが、本章でここまで経営理念とマーケティングや分散型のマーケティングといった概念を先に紹介してきたのは、これまでのやり方にがんじがらめになり、柔軟な身動きがとれないマーケターがマーケティング・マイオピアに陥らないための処方箋でもあったのである。

社内でのワークをもとに全社連携を

このワークはマーケティング部で取りまとめた後に、必ず経営陣とも議論をしてほしい。1〜2時間もあれば十分な議論ができるであろうから、経営会議などの議題にしていただきたい。その際に重要なのは、**記載した部分について、社内で議論するために必要となる情報を客観的な目線からまとめること**である。そうすることで、「どんな苦労があった」とか「過去は」といった内向きな議論ではなく、顧客に目線が向いた外向きな議論ができるようになる。また、世の中でどのようなサービスが流り始めているのかを理解するためには、調査会社のヴァリューズが各種ユーザー動向をまとめているウェブサイト「マナミナ」を見ると、幅広い消費者の動向が見て取れる。インターネットを中心としたユーザー動向の理解にはうってつけのサイトである。

　また、このワークを経営陣と行うことで、**社内でいかに変革を起こすか、という危機感を共有し、さらには顧客志向を促進する効果**がある。マーケティング部署だけが危機感を持っても、社内、特に経営陣に理解されなければ、結局のところ、マーケティング・マイオピアになってしまう危険性がある。そこで、部署内で一度議論をした後で、経営陣や経営企画部などとともに再度議論をすることで、全社的な理解を得られるようにすることが重要である。

　このようなワークをもとに、マーケティング・マイオピアを防ぎ、コロナショックによってゼロリセットされた千載一遇のチャンスを活かしていただきたい。

1-5 CMOだけがマーケティング責任者ではない

マーケターは指揮者たれ

本章ではここまで、主にCMOやマーケティング担当者向けの解説をしてきたが、本節のタイトルにもあるように、マーケティング責任者の役割は広く、CMOだけが担うべき責任ではないことが理解できたかと思う。

アフターコロナのマーケティング戦略は、経営理念の再整理／見直しから始まり、事業ドメインや戦略を理解した上で、最適な戦略策定を行い、さらには個別のマーケティング戦術を立案、実行する必要がある。このすべてをCMOおよびマーケティング部署だけで完結することはよほどの大企業でなければ難しい。

では誰が行うべきなのかと問うと、社長か、それとも経営企画か、といった話になるのだが、それは間違った議論である。そうではなく、経営理念であれば社長、事業ドメインや戦略などであれば経営陣や経営企画のトップなど、**各機能を担当する人をCMOなりマーケティング部署が巻き込み、必要な要素を引き出しながら、コーディネートしていくことが求められるようになる。**いわば、マーケティング機能が経営陣に対する旗振り役、指揮者の役割を担うのである。

これまでのマーケティング部署というと、どちらかといえば専門家集団で、マーケティングには詳しいのだが、部署間の連携については経営企画部に任せきりになっていて、「予算が決まったら、それに従って行動します」という企業も多かった。それでは、アフターコロナのマーケティング戦略を立案する上では心もとない。これからの時代、自身が先頭に立って、顧客目線で、部署横断のまとめ役を担っていくべきである。

ただし、それらを実現するためには、当然ながら、各経営陣や部署トップのサポートが欠かせない。彼らが情報をくれなければ、以前と変わらないマーケティング戦略のままである。

本書をお読みになっている方で、マーケティング部署以外の方については、このような役割を理解した上で、マーケティング部門を支え、ぜひ新しいマーケターの役割として全社に広める役割を担っていただきたい。

経営企画部がマーケティングで果たす役割

マーケティング部門が経営陣の中で旗振り役になるとすると、既存の旗振り役である経営企画部はどうなるのか、心配な方がいらっしゃるであろう。

その点については、経営企画部はより複眼的な視点から、どの国で戦うのかといった超マクロ的な視点から、どの事業を伸ばすべきなのか、どの事業は止めるべきなのか、事業を成長させるためにいくらくらいの資金が必要なのか、といった**マクロでの戦略面・ファイナンス面で役割を果たす**ことで存在価値を発揮できる。

一方でマーケティング部は、消費者視点で事業をどうするべきなのか、どのように価値を提供するべきなのか、**よりミクロ目線の提案を行う**のである。

そして経営陣としては、経営企画部の出す戦略面やファイナンス面でのアプローチと、マーケティング部が出すより消費者目線の提案の両方から、最適な判断をしていく。

したがって、マーケティング部と経営企画部の役割がカニバリゼーションを起こしたり、両者がけんかしたりする必要はない。

以上をまとめると、図9のようになる。今後の会社を占う戦略的なアプローチは図9で示したように、マクロ・ミクロの両方をあわせ持ったものになると考える。

図9 戦略策定のマクロアプローチとミクロアプローチ

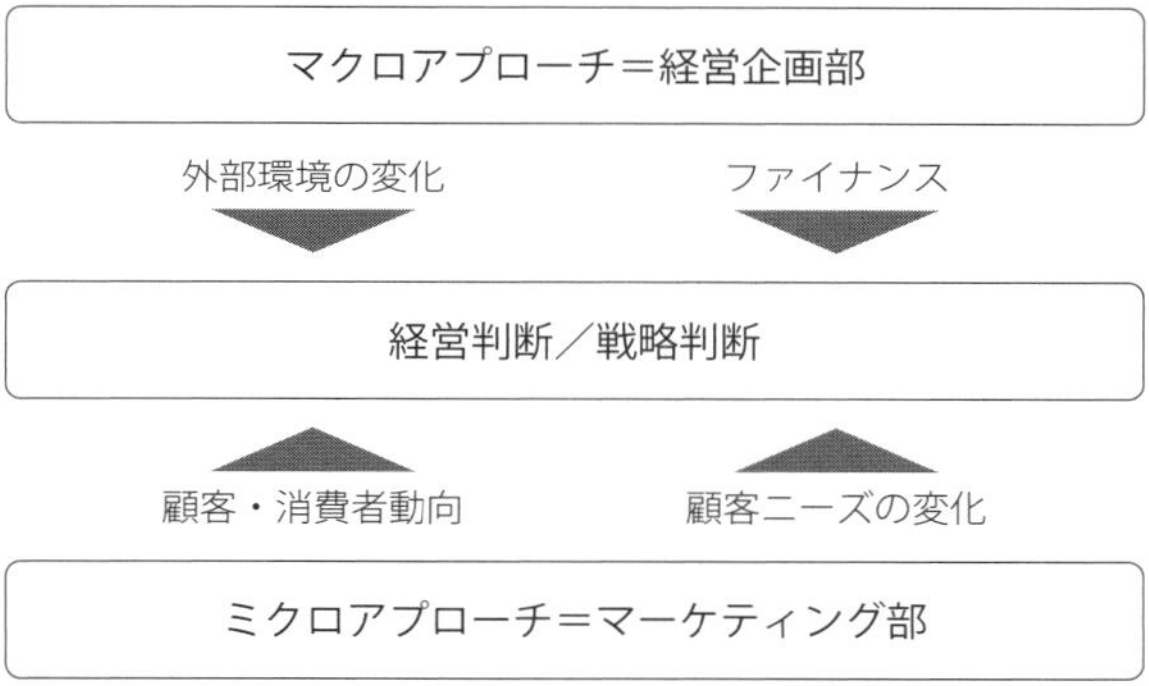

次章以降では、ウィズコロナ、アフターコロナのマーケティング戦略についてより深掘りしていこう。

第2章

ウィズコロナで現れたマーケティングの新たな潮流

2-1 オンラインとオフラインが統合された広告運用とは？

広告運用の実際

第1章では、主にマクロ的な視点から、アフターコロナのマーケティング戦略をどうするべきなのか、その方向性を示してきた。続く第2章では、**ウィズコロナで現れたマーケティングの新たな潮流**について解説していきたい。最初のテーマは、**オンラインとオフラインが統合された広告方法**についてである。

第1章では統合型のマーケティング戦略か分散型のマーケティング戦略かという議論を行ってきたが、広告手法については、先に結論を述べると、オンライン広告とオフライン広告の運用方法は、**目的と目標という全体最適の視点から、統合的かつ有機的に運用されていること**が重要である。

中小企業の方々に、「どのように広告運用をされていますか」と質問をすると、多くの場合、「えっ、運用方法ですか?」という反応をされる。多くの企業が、予算と目標となるCPA（顧客獲得単価）だけを決めて、あとはそこまで深く考えずに広告代理店に丸投げしている。「具体的な運用方法はどうしていますか?」と質問すると、「全体の広告予算が○円なので、オンライン広告の予算は○円、オフライン広告の予算は○円」とそれぞれ予算を分けて、あとはオフライン広告は広告代理店や印刷会社にその予算内で運用してほしいと依頼するだけのケースが多い。

バラバラなマーケティング戦略をまずは統合化する

このような運用方法だと、確かに予算という意味ではオンライン広告、オフライン広告と分かれてはいるものの、具体的な戦略はオンラインとオフラインでどう違うのかといった重要な点は外部業者によって完全にバラバラであり、統一した戦略がとられていない。さらにはオンライン広告業者とオフライン広告業者が一緒に話をすることもないから、不統一な部分も埋まっていかず、たとえばオフライン広告では誠実さ・信頼を売りにしながら、オンライン広告ではコンバージョン獲得のために、かなり際どい広告文が出ていた、などというケースは枚挙にいとまがない。

図10　広告運用が失敗している企業のパターン

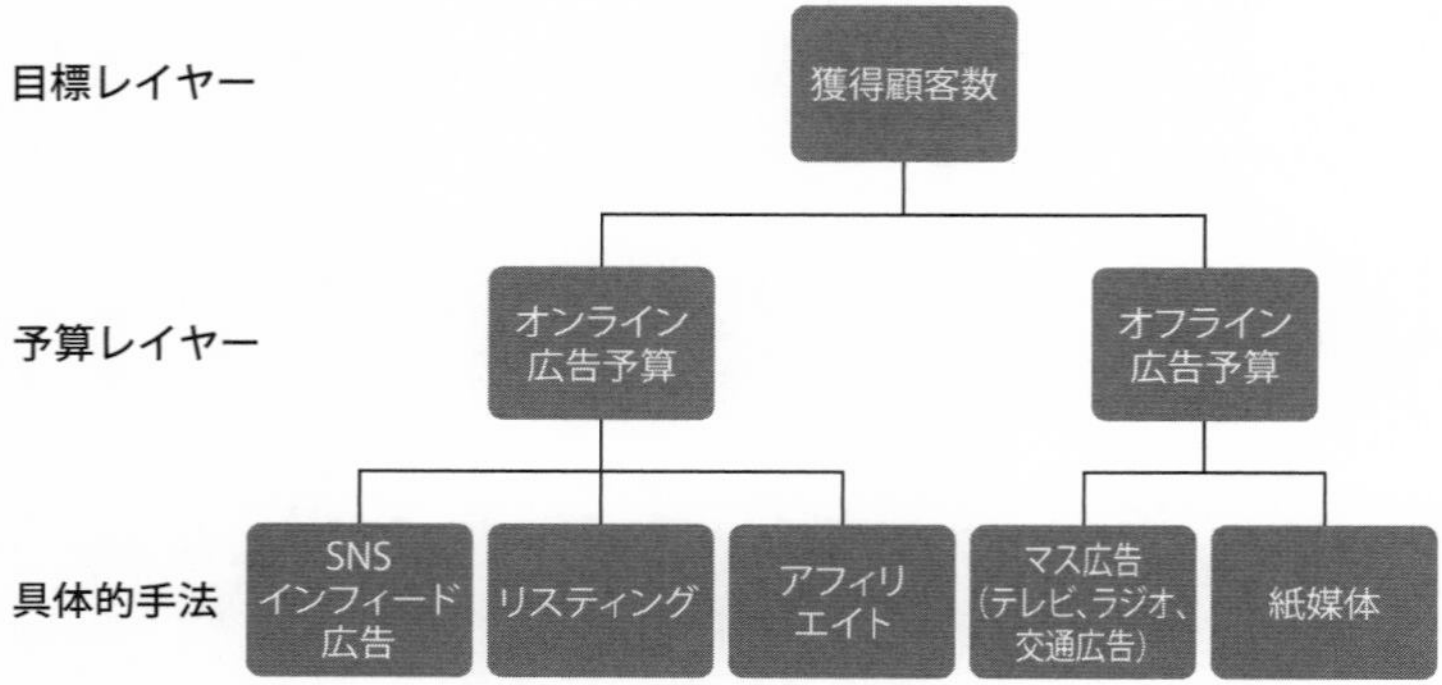

次節で詳しく説明するが、オンライン広告を活用して店舗に集客し、店舗でのオフライン広告で最終的にユーザーの購買を促すという両方を掛け合わせた広告が現在、ウィズコロナの世界で最先端となりつつある。しかしながら、従来型の広告運用では、そのような最先端の広告手法を活用することが予算上・運用戦略上難しくなってしまう。

特に中小企業を中心に、広告運用がうまくいっていない企業は図10のような硬直的な戦略と運用の状態にある。ウェブ広告にこれからチャレンジする企業は、まずは目標と予算をオンラインとオフラインで分けて細分化し、きちんとモニタリングするところから始めていただきたい。具体的には、オンライン広告予算とオフライン広告予算を分け、それをたとえばＰＰＣ広告〈グーグルやヤフーなどの検索広告〈リスティング広告〉を含むすべてのクリック単価の広告を指す）、アフィリエイト広告、インフィード広告といった形で分類して、それぞれをモニタリングするところから始めれば良い。

統合化されたマーケティングの精度を上げるには？

戦略策定も運用もきちんとなされている企業で成果が出ないのは、図10のように目標と具体的な手法が細分化されすぎて項目ごとの小さな改善に目が向かいすぎる結果、全体を最適化する視点から目標達成のための運用ができず、ほとんど運用の成果が改善されていかないからである。

では、どのようにすれば良いのか。それは、オンラインかオフラインかと予算レイヤーで明確に分けてしまうのではなく、**目標数値を達成するために最適なそれぞれの目的と運用手法をまずフラットな目線から吟味し、それと予算、そしてオンライン・オフラインの偏りを照らし合わせ、具体的な手法を再度修正するべき**である。このことを具体的に表したのが図11である。この手法のほうが各種の調整に手間はかかるかもしれないが、運用効率をダイナミックに上げるのには適している。

前述のように、このような方法であれば、たとえばあるオンライン広告の手法が当初の

図11　全体最適なマーケティング戦略

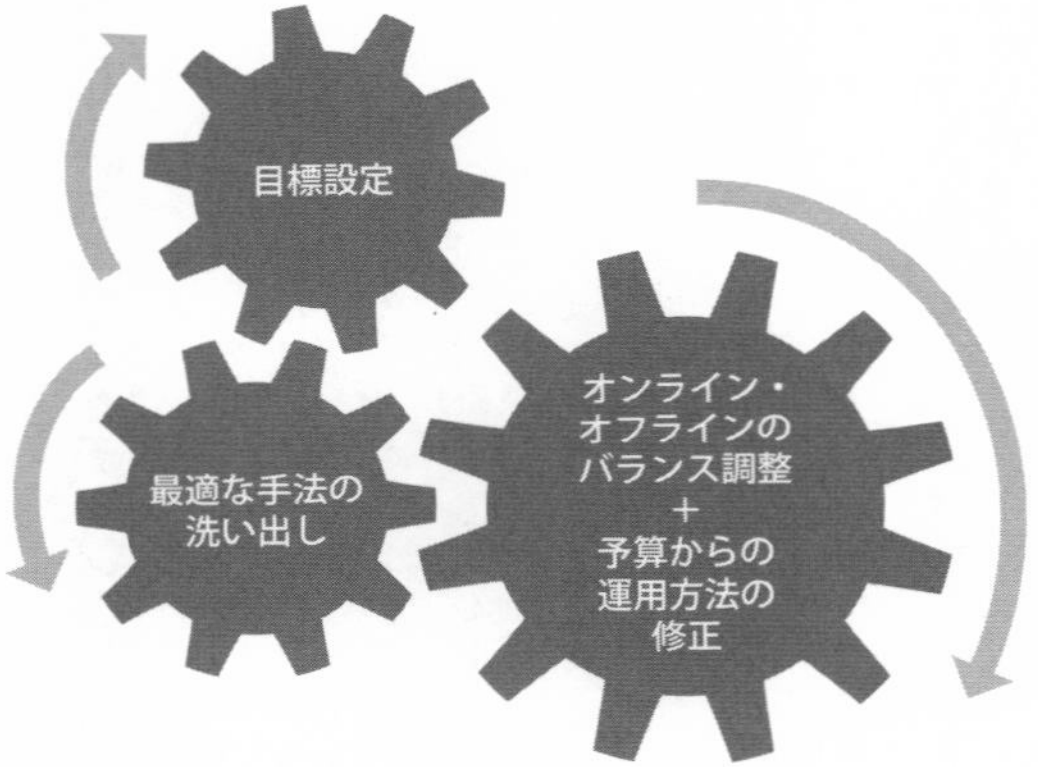

予定よりも成果が出ないときに、図10のパターンだと、修正方法が他のオンライン広告に予算を振り分けるといったオンライン広告内での最適化にとどまってしまいがちである。一方で、ある運用方法の成果が悪い場合には、それにこだわる必要はない。予算を削減もしくは停止してしまった場合には、次の運用方法を選ぶことで、ＫＧＩ／ＫＰＩにより近づく。さらには、オンライン広告の予算をオフライン広告の予算に回すといったことなども柔軟に行えば良い。目的は最終のＫＧＩ／ＫＰＩであって、どの広告予算を用いたかではないからである。図11のように、さまざまな手法を洗い出し、バランス調整を行うのである。

クリエイティブのPDCAがマーケティングの成果を飛躍的に高める

ここまでできたら、次の運用最適化の段階に進みたい。それはクリエイティブ、つまり**広告に使用する画像や写真、文章などの素材の最適化**である。

これがなぜ必要なのかといえば、クリエイティブには**〝流行り廃りがある〟**ことと**〝摩耗〟する**からである。

まず、クリエイティブに〝流行り廃りがある〟点についてはわかる人も多いだろう。たとえば、実際の商品が大きく写っているものがコンバージョンを多数とれることもあれば、ユーザーが食べたり使ったりしているクリエイティブがコンバージョンをとれることもある。クリエイティブの良し悪しはただ単にオシャレ、かっこいい、信頼できるといったものではない。ユーザーのニーズとユーザーが見る手段と合致しているだけでなく、競合のクリエイティブ状況によっても変化する。であるから、そのときどきの時流に乗るために、定期的なクリエイティブの見直しが必要となる。

実際、多くのクリエイティブなユーザーを抱えるアップルですら、広告のためのメッセージや素材が時代に合わせて大きく変わっている。かつては商品そのものが写っている広告だったのが、今では実際にユーザーが使っているシーンの広告が多い。昔は芸能人など

図12　動画広告のクリエイティブの摩耗度

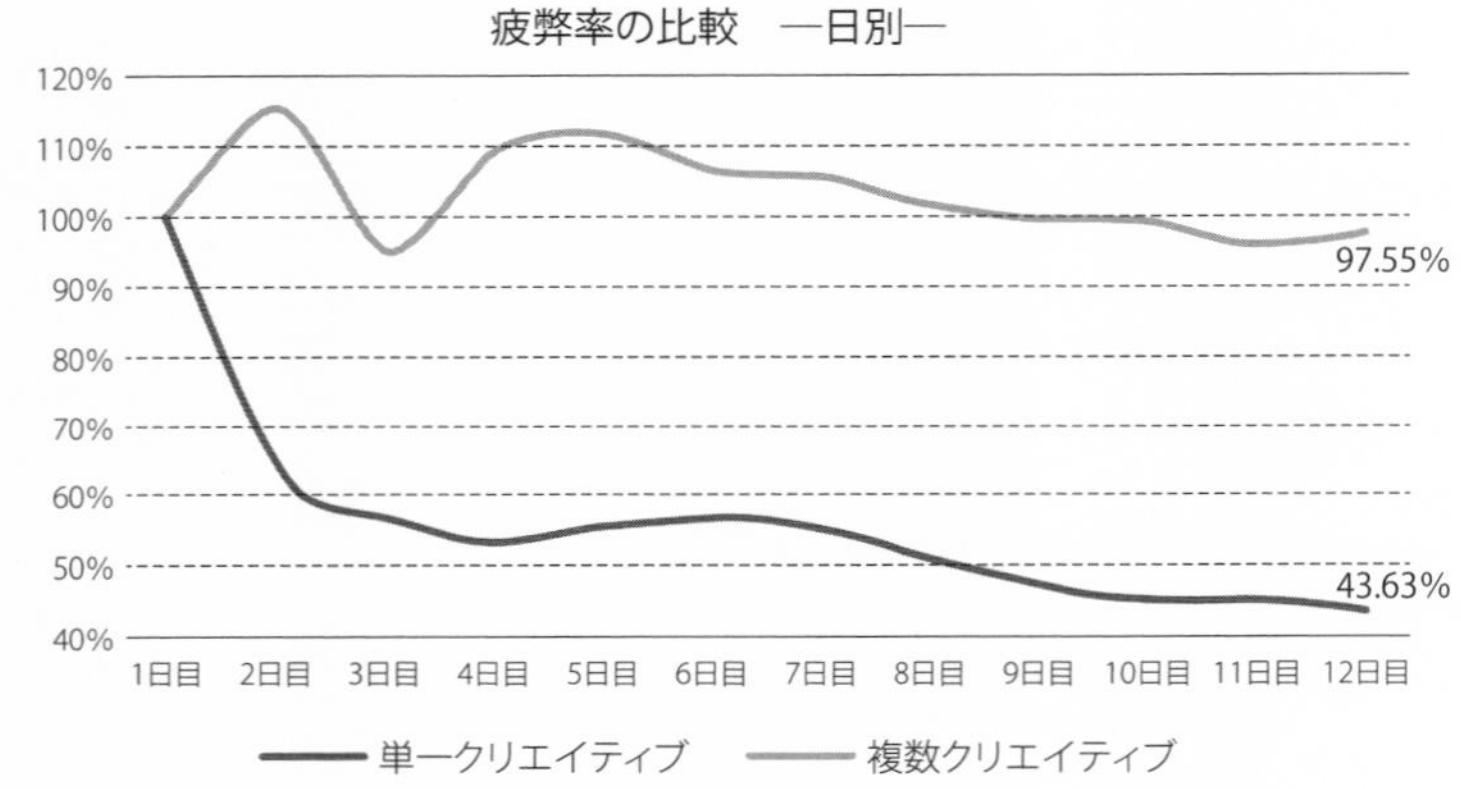

出典：Cyber Agent AD. Agency「年間7,200本の広告運用から得た動画広告クリエイティブPDCAのコツ」（2018年１月29日）
URL：https://www.cyberagent-adagency.com/column/331/

が多数登場し、アップルの革新性を問うものもあった。このように、最適なクリエイティブとそのメッセージ自体をその都度見直すべきなのである。

次に、クリエイティブが〝摩耗〟することについて考えてみたい。これについて考えるにあたり、最適なデータがある。図12を見ていただきたい。

サイバーエージェントの動画広告運用チームのデータによると、単一クリエイティブの場合、動画広告の配信2日目あたりからその効果が40％程度も減少し、それ以降も配信初日の半分程度しか広告効果は得られないことがわかっている。一方で、複数のクリエイティブを使い分けた場合は、動画広告の配信12日目まで、ほとんどその効果が変わらずにユーザーに見られていることがわかる。

これは何も動画広告だけに限ったことではなく、新聞広告やチラシ広告などのオフライン広告にも起きることである。

以上のように、まずは広告の運用方法を最先端のものへと最適化した上で、次に数日ペースでクリエイティブの最適化を行うようにしていただきたい。広告代理店などには、このような細かな点やクリエイティブ性を依頼するのであって、マーケティングの大きな幹の部分を任せるのは、マーケティングを放棄しているのと等しいことに注意してほしい。

2-2 リアルもオンラインもすべての媒体が測れる時代

O2O・OMO広告が伸びてきている

次に、ウィズコロナの世界で変わりつつあるのが、**広告やブランド力の効果測定の傾向**である。第1章でも紹介したように、これまでの常識ではオンライン広告はデータを用いてPDCAを回せるのに対し、オフライン広告についてはそれができない点が弱点とされてきた。しかし、最近ではそのような動きに変化が起きつつある。

まず起きている動きとして、前節でも述べた通り、オンライン広告で店舗への集客を図り、オフラインの店舗内広告などで顧客に商品販売を行う、店舗集客のためのO2O（Online to Offline）／OMO（Online Mergers Offline）広告が伸びてきている。

これまで店舗に集客するといえば、テレビCMやラジオ、紙のチラシなどが一般的であったが、顧客を細かくセグメント化することで、入荷情報や売れ筋情報など、顧客ごとに最適な商品紹介を行い、それに関連するクーポン配信などをO2O・OMO広告によって活用することができるようになってきている。

その背景にあるのが、コロナ禍においても日用品をインターネットでは買いたくないユーザーが根強かったり、そもそもオンラインスーパーの対応エリアや対応時間が限定されていて利用できないという消費者が増えていたりすることが要因である。このようなコロナ禍やアフターコロナの世界で、これらのO2O、OMO広告にはニーズがある。

アイリッジが手掛けるO2O／OMOプラットフォーム

この分野で先行するのがO2O／OMO広告プラットフォームや、それらに関連する顧客データ分析プラットフォームサービスである「FANSHIP」などを手掛けるアイリッジである。アイリッジの子会社であるFANSHIPは、GUやマツモトキヨシ、三菱UFJ銀行、最近ではコスモ石油など、300社以上のアプリに利用されているプラットフォームに成長している。主要クライアントである店舗事業者の業績悪化によって、アプリ開発やコンサル、プロモーション費用が減少し、2021年3月期の売上予想は前年の53・3億円から50・0億円へと微減しているものの、中長期的には成長が見込まれること

図13　アイリッジの業績状況

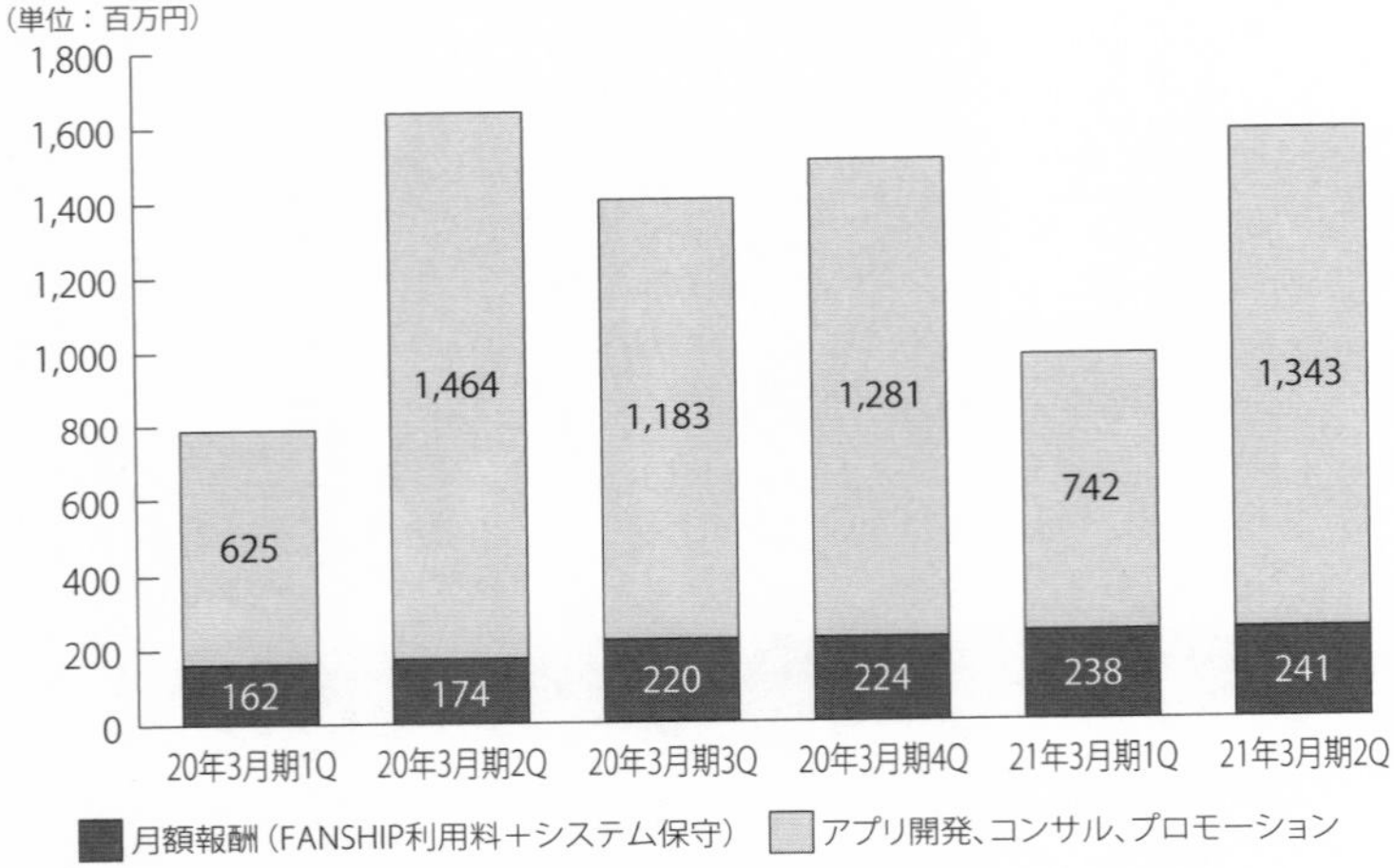

出典：「アイリッジ2021年３月期第２四半期 決算説明資料」より筆者作成

から、本書執筆時（２０２０年12月）には株価も元に戻りつつあり、さらなる成長が期待できる。

アイリッジのサービスは、オンライン広告とオフライン広告両者の良さが交わることで、これまでは難しかった、どのようなユーザーにどのような広告を出したのかというワントゥワンマーケティングの要素と、ユーザーが実際にどのような商品を店舗で購入したのか、その際に店舗内のどういうルートを歩き、どのようなＰＯＰや棚を見て購入したのか、という**購買データのすべてをデータ化することが可能になっている。**

アイリッジの広告手法は、まさにこれまではできなかった店舗購買顧客がどのような経路で購入したのかというオフライン広告のデータ化の難しさを解消している。加えて、オンライン広告とオフライン広告を統合し、さらにはそれぞれのメリットを活かしたものになっている。

リアル店舗でもすべてのマーケティングが測定可能に

オフライン広告の測定ができるようになってきた背景には、もうひとつ別の方向からこれまで困難であったデータ分析が測定可能になってきていることが挙げられる。そのヒントはスーパーとコンビニエンスストアにある。

まずはスーパーを見てみよう。２５０店舗を運営するトライアルを中心に、現在いくつかのスーパーでは、買い物カートがデジタル化されつつある。どういうことかというと、商品のバーコードを自分で読み取りながらカートに入れていき、会計のコーナーに来ると、事前に登録しておいたクレジットカードで決済をするのである。

これらの買い物カートはただデジタル決済ができるだけではない。カートとＡＩカメラとが連動しており、一定の地点に行くと、別の商品のクーポンが表示されたり、広告が流れたりもするようになっている。たとえば、お肉を買った人にお酒の広告を流すというものである。こうすれば、特定の商品をとった人だけに広告が表示がされ、実際にその商品を購入したかどうかはPOSデータを見ればわかるため、リアル店舗の広告でも、広告から顧客の購買データまでをデジタルで測定することが可能になっている。

同様にコンビニエンスストアでも、オンライン広告の測定可能という特徴とオフライン広告の顧客の接点に近いという特徴をあわせ持った広告手法が開発されている。

もともとこの広告については、拙著『アフターコロナの経営戦略』（翔泳社）で提案したものだが、出版から1カ月足らずで、そこで述べたことが伊藤忠商事、ファミリーマート、NTTドコモ、サイバーエージェント4社の合弁会社であるデータ・ワンによって開発がスタートしている。

その仕組みについては、図14を見てほしい。これは、ファミリーマート、NTTドコモが持つ顧客データと購買データをもとにユーザーをターゲティングし、店舗での広告閲覧者の検知や、実際にその商品を購入したどうかまでを一気通貫で把握できる広告商品である。

この特徴はコンビニエンスストアでのデータであるため、アパレルのような「特定のファン層が買う」というものではなく、たまたま手にとった、たまたま目にしたというような潜在的な消費者層をターゲットにできるというメリットがある。

図14　コンビニエンスストアでの測定可能なオンライン広告

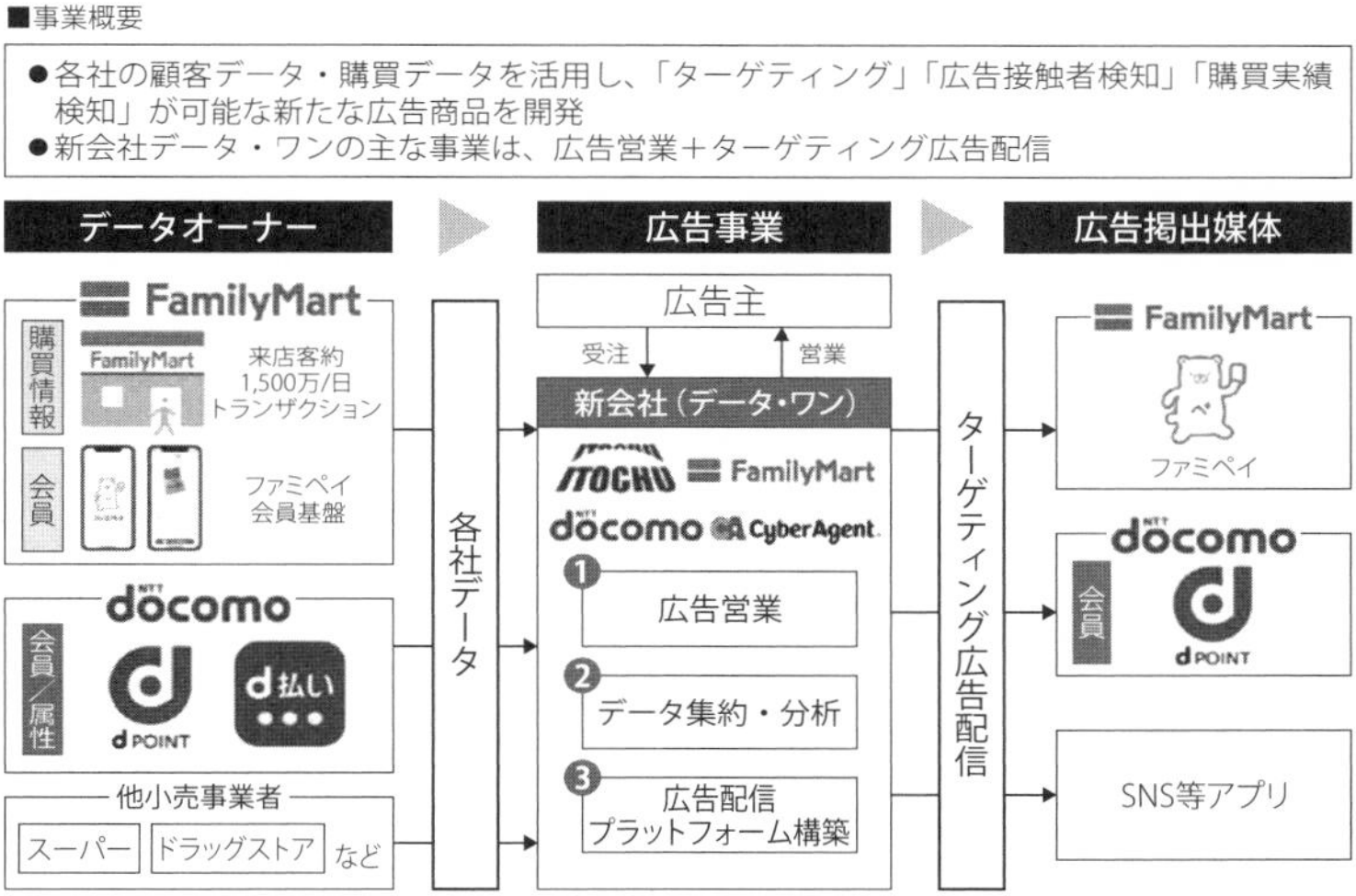

出典：サイバーエージェント　プレスリリース　2020年9月2日

　さらに２０２０年10月には、アメリカからモノを売らない小売店「b8ta」が上陸した。同社の特徴は、在庫を持って販売するのではなく場所貸しをするだけで、販売は各社のウェブで行うというものである。すると、店舗に来客した人が「何を」「なぜ」買っているのかが明らかになる。このようにウェブ広告で店舗に来てもらい、誰が買ったのかをスマートフォンのデータでトラッキングできることでオンラインとオフラインがつながっていく。

　以上のように、各種小売業界では、オンライン広告とオフライン広告の両方の特徴を持つ仕組みを構築することで、測定可能な最先端のオフライン広告がコロナ禍の世界において多数登場してきていることがわかる。

セールスフォースを活用したオフラインも測れるデータマーケティング

では、小売業以外の企業はどうすれば良いだろうか。そのような企業については、CRM、特にセールスフォースのような、**マーケティングから顧客管理までを統合して把握することができるシステムを活用すれば良い。**

セールスフォースというと、コールセンターなどで用いるCRM／顧客管理システムといったイメージを抱くかもしれないが、それ以外にも「Pardot」などのMA（Marketing Automation）ツール、営業管理の「セールスクラウド」など、見込客獲得から見込客育成、営業、リピーター化までを網羅したプラットフォームを提供している。さらには、クラウド型コールセンターシステムである「BIZTEL」などとも連携でき、家からでもまるでコールセンターのように電話ができるシステムも構築可能である。

このプラットフォームを活用すれば、たとえばオフライン広告にクーポン番号を入れておき、その番号をコールセンターで入力するといった手間をかけずとも、広告ごとに問い合わせ電話番号や問い合わせメールなどを変えておけば、その電話番号別のデータ、メールデータなどをすぐに分析することができる。そのように活用することで、オフライン広告でも顧客の購買行動がデータで簡単に測定可能になる。

また直近では、セールスフォースの開発・コンサルベンダーのサンブリッジが名刺データをセールスフォースのMAツール「Pardot」で利用するため、デジタルデータに変換するためのアプリ「SmartVisca」を提供している。このアプリの特徴は、セールスフォースのアプリを立ち上げて写真を撮ることで、名刺というアナログデータを活用し、デジタル広告や名刺データをデジタルマーケティングやアポイント獲得のセールスに使用することもできる、という点にある。サンブリッジは日本で最初のセールスフォースのパートナーとして、セールスフォースの開発・コンサルティングも行っており、DXの流れでセールスフォースのプラットフォームを導入したい企業から、セールスフォースのプラットフォームを導入したがうまく活用できていない企業まで、さまざまな企業の助けになっている。

このように、小売業以外の企業やB2Bの企業でもセールスフォースのプラットフォームを活用することで、すべての広告が測定可能な広告へと進化するのである。

2-3 マーケティングの新たなプレイヤー：補完的生産者

バリューネットワークが業界の価値を決定する

ここまで主に広告を中心に、ウィズコロナでの新しいマーケティングの潮流について説明してきた。ここからはより新しいマーケティングの潮流について解説していく。

1つ目はマーケティングに関与するプレイヤーとして**補完的生産者が重要になってくる、**という潮流である。

補完的生産者とは、A・ブランデンバーガー、B・J・ネイルバフの『ゲーム理論で勝つ経営』（日本経済新聞出版）によれば、ある業界の外部環境全体を1つのネットワーク（バリューネットワーク）と考えた場合に、その全体の価値を向上させるために補完的なサービスを提供するパートナーのことを指す。

バリューネットワークの要素については、図15を見ていただきたい。

図15　バリューネットワークと補完的生産者

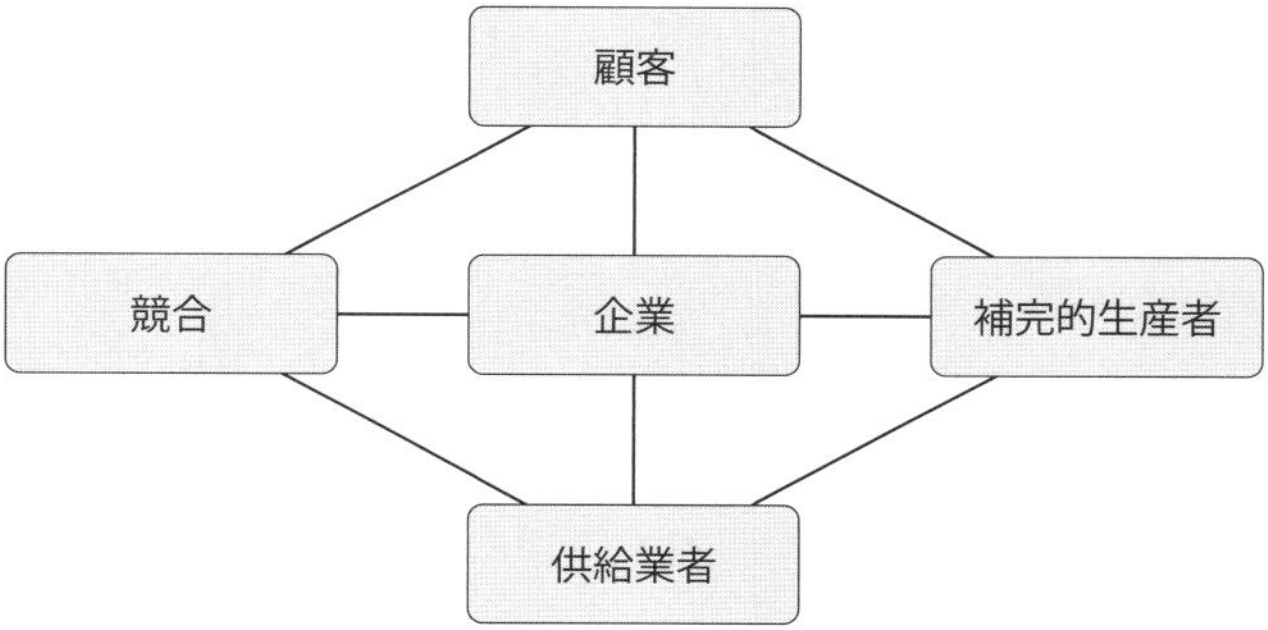

1つの業界においてバリューネットワークは5つのプレイヤーによって、**競争と協創が起きている**とブランデンバーガーらは主張する。すなわち、顧客に価値を提供するプレイヤーとしては、自社と競合とが競争しているが、その競争を行うためには供給業者と補完的生産者という2つのプレイヤーとの協創関係が必要である。供給業者はチャネルであったり、部品や製品提供をしたりする企業で、補完的生産者は供給業者以外でバリューネットワークの価値を向上させる役割を持つプレイヤーである。たとえば、ブランデンバーガーらが書籍で説明する日本の家庭用ゲーム業界を例にすると、自社をソニーとした場合、競争相手は任天堂やマイクロソフトとなる。この3社が顧客を奪い合う競争関係にある。

一方で、供給業者としては、ヤマダ電機などの家電量販店やアマゾンなどのEC企業、イオンやイトーヨーカドーなどのGMSなどがあり、彼らの流通網に乗せることで実際の顧客の手に入るようになるため、プレイヤーとして重要な役割を果たす。

さらに補完的生産者であるゲームメーカーの存在も欠かせない。どれだけゲーム機本体が高性能であっても、優れたゲームコンテンツが生み出されなければ、家庭用ゲーム業界全体の価値は向上しない。そのため、任天堂もソニーも補完的生産者たるゲームメーカーがより良いコンテンツを開発してくれるように、ゲームメーカーに対するさまざまな価値を提供してきた。

たとえば、任天堂がファミリーコンピュータ、スーパーファミコンで他を圧倒して日本一の座にあった際、ソニーはゲームメーカーに対して、ゲームの開発キットを格安で提供することにした。任天堂の開発キットより低価格にすることで、ゲームメーカーがソニー向けのゲーム開発をしてくれる確率を上げたのである。

さらにはゲームソフトをCDタイプにしたことで少ロットでの生産を可能とし、かつ、軽量なことから輸送コストと棚卸しコストを下げることに成功した。これによって、低コストで発注を行えるようになり、プレイステーションという世界的なゲーム機の開発・普及に成功した、とブランデンバーガーらはゲーム機業界の補完的生産者に関する解説の中で述べている。

表2　グルメデリバリーアプリのユーザー数

No.	アプリ名	提供元	利用ユーザー数	所持ユーザー数
1	食べログ	カカクコム	3,650,000	6,450,000
2	Uber Eats	Uber Technologies	3,220,000	5,500,000
3	ホットペッパーグルメ	リクルート	1,850,000	5,940,000
4	出前館	出前館	1,430,000	2,820,000
5	ぐるなび	ぐるなび	765,000	2,530,000
6	楽天デリバリー	楽天	535,000	1,220,000
7	Retty	Retty	324,000	850,000
8	menu（メニュー）	menu	275,000	382,000

出典：マナミナ「Uber Eatsなどデリバリーアプリが浸透するウィズコロナの今、グルメアプリとの利用シーンの違いとは」（2020年7月16日）
URL：https://manamina.valuesccg.com/articles/934

ウィズコロナで補完的生産者はマーケティング戦略でも重要に

以上のように補完的生産者は業界の価値提供および競争において非常に重要な存在であるが、筆者は**マーケティングの要素においても補完的生産者が重要な役割になってきている**と感じている。

たとえば、ウィズコロナの世界において、小売り・飲食業の中で宅配事業者の価値は高まっている。表2のように、ウーバーイーツや出前館といったデリバリーアプリのユーザー数は急速に伸びており、これ以外にもピザーラやドミノピザなどの宅配ピザの注文数も増加している。

一方で飲食店の売上げは大きく減少しており、コンビニエンスストア各社の売上げも横ばいといった中で、飲食店やコンビニエンスストアで商品のマーケティングと販売を行ってきた企業は、**これらの宅配事業者などをマーケティングの補完的生産者として活用すること**が必要となる。つまり、彼らの顧客接点を活用し、商品のマーケティングを行うのである。

実際にそれを行っているのが、ピザーラと大正製薬である。大正製薬はご存じの通り、リポビタンDやパブロン、リアップなどを販売する製薬企業である。同社はカフェインレス、シュガーレス、0キロカロリーというエナジードリンク「ＲＡＩＺＩＮ」をピザーラの発達網を活用して、顧客に直接サンプリングしている。実際に筆者が２０２０年10月中旬に注文した際も、確かに「ＲＡＩＺＩＮ」をもらうことができた。

ピザーラにとっても、注文した人が「ピザーラを頼んだらエナジードリンクが無料でもらえた」とＳＮＳにつぶやくだけで、顧客獲得にもつながる。このように、補完的生産者と協創することで、エナジードリンクのマーケティングとして成立している。大正製薬以外にも、キウイフルーツを販売するゼスプリもピザーラでサンプリングを行っている。

補完的生産者を活用した2つの業界事例

この補完的生産者を活用したマーケティングについて、他の業界のケースも見てみよう。

1つ目は、子ども向け・ママ向け商材を扱う企業である。これらの業界にとって最大の顧客接点は店舗や通販であり、さらにツイッターやインスタグラムなどのSNS上の口コミの評価は、意思決定者である母親に大きな影響を及ぼす。

しかし、それらの口コミを超えた信頼のある企業、つまり子ども向けの教育サービスや教育情報を提供する企業は補完的生産者としてマーケティング上、重要な役割を担っている。

たとえば、ベネッセの『たまごクラブ』や『ひよこクラブ』をはじめとする育児雑誌は、顧客の情報を集め、そこに対して各種のママ向け・子ども向け商材をサンプリングする機能を持つ。これらの商材にとって、潜在的な購入者層へ直接リーチする手段として、育児雑誌はインフルエンサー・マーケティングよりもより強力なマーケティング手段となる。子どもが成長すると、ベネッセや七田式教育などの教育サービスに加入する人も多いが、ここでもそうした教育サービスを提供する企業が、通信販売などで商材をマーケティングしてくれている。

2つ目は、法人向けのサービスを提供する企業である。この業界には補完的生産者たる企業が多数存在するが、中でもリコーや大塚商会、アスクル、MonotaROといったオフィス向けの商材全般を扱う企業と、飲食業界に強いWiz（ワイズ）や、医療業界に強いエムスリーなど、特定の業界に強みを持つ法人サービスを提供する補完的生産者も存在する。

特にウィズコロナ下で伸びてきているのは、Ｗｉｚやエムスリーなどの企業である。これらの企業がなぜ伸びてきているのかといえば、コロナ禍で以前のようにオフィスや店舗、病院などに対面での営業ができない中、彼らを通じてマーケティングをすることで、以前はできなかった販売機会を増やすことができる点にある。

Ｗｉｚは飲食業界向けに自社サービスの開発・提供、各種メディア運営、他社サービスのマーケティング機能を提供する代理店事業を展開する企業で、２０１２年の創業以来、既に社員数が１３１４名にまで拡大している。もともとは飲食業の開店から閉店／引き継ぎまでを一貫してサポートする点に強みを持ち、飲食業の日々の営業で生じる課題を解決するための各種商材をマーケティングする機能として重要な役割を担っていた企業である。

直近では新型コロナウイルスの影響で飲食業の開店は減っているが、クラウドサービスの立ち上げ、オンラインコンシェルジュ事業を買収するなど、その領域を拡大している。

ウィズコロナでエムスリーの業績は急拡大

エムスリーは医療業界に特化したマーケティング企業である。エムスリーの事業をご存じない方に簡単に説明すると、同社が運営する「m3.com」は、医師に対するマーケティングプラットフォームとしては圧倒的な地位にあり、医師の約80％が利用しているメディアとなっている。

製薬企業にとって、MRによる病院への訪問は、薬剤を処方する医師に直接説明することができるため、販売にとって重要な要素であるが、コロナ禍では病院への訪問が難しい場合も多い。そこで多くの製薬企業では、エムスリーのサービスを活用し、ウェブ上での情報提供を積極化している。それによってマーケティングプラットフォームであるエムスリーの業績は売上げが前年度およそ22％拡大し、営業利益は44％も上昇。株価も2020年年初から3倍近くにまで大きく上昇している。

マーケティング担当者が補完的生産者を活用するには？

以上のように、ウィズコロナの世界では、補完的生産者がマーケティング領域で重要なプレイヤーとなりつつある。この流れはアフターコロナのマーケティングにおいても変わることはないどころか、より加速すると考えられる。

では、マーケティング担当者としては、どのように補完的生産者を把握すれば良いのだ

図16　2020年年初からのエムスリーの株価推移

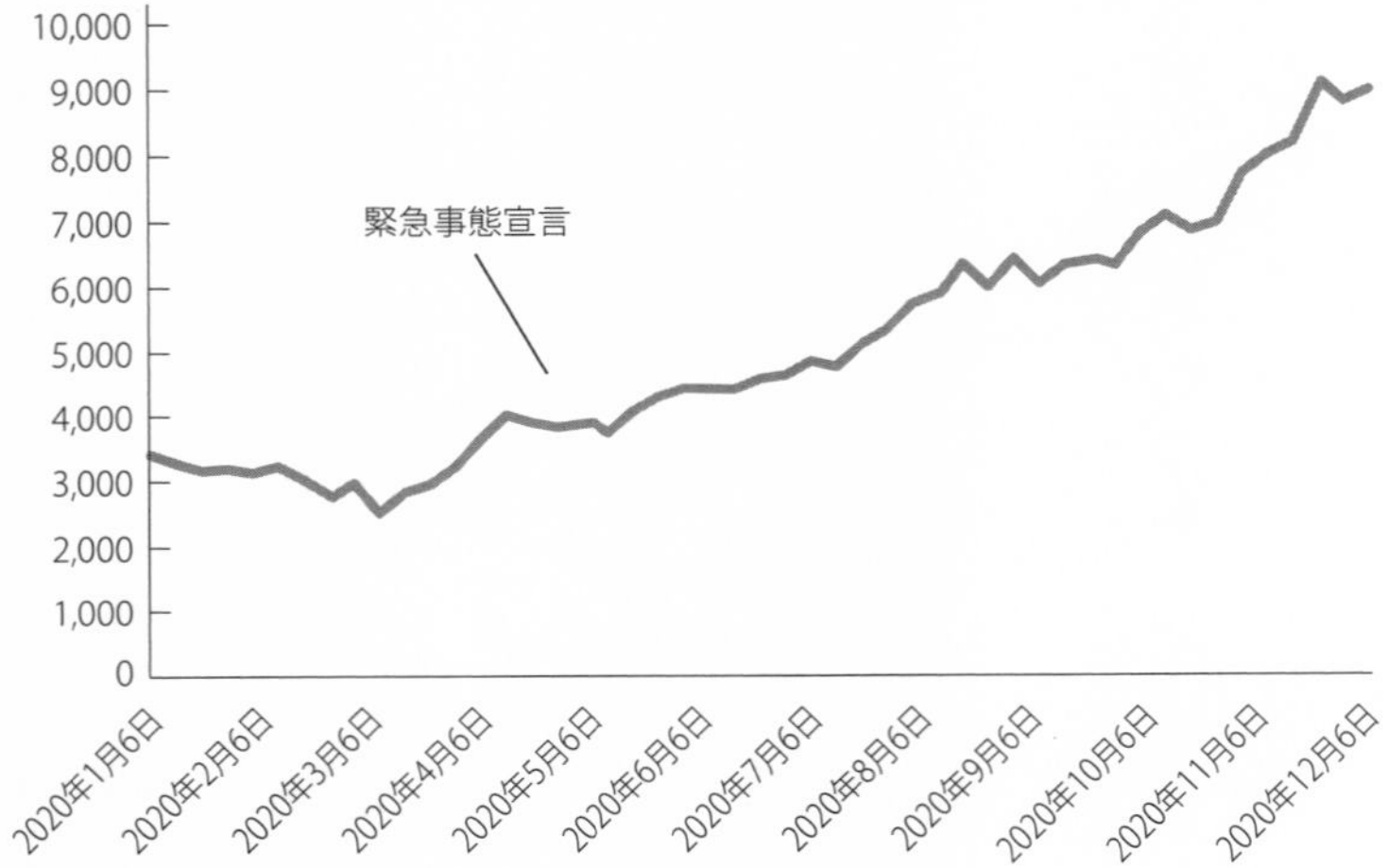

出典：Yahoo! Finance 2020年12月15日アクセス

表3　エムスリーの直近業績

2020年度第２四半期　連結業績

IFRSベース

単位：百万円

	2020年3月期 第2四半期	2021年3月期 第2四半期	増加率
売上高	61,545	75,022	21.9%
営業利益	16,594	23,931	44.2%
税引前利益	16,597	23,943	44.3%
四半期利益	11,312	16,587	46.6%

株式の売却、評価などのインパクトを除く事業面だけで見ると、**＋41%**成長

出典：エムスリー　2021年３月期第２四半期決算短信

ろうか。

まずマーケティング担当者としては、**自社のバリューネットワークを描き、どのようなプレイヤーが補完的生産者になるのか**を洗い出していただきたい。その際には、なるべく広範囲に洗い出し、自社に関係しそうな企業はすべてバリューネットワークの中に記入する。

次に、**補完的生産者に対して、どのような価値を提供できるのか**を考えていただきたい。ただ顧客の紹介を依頼するのではなく、ピザーラの事例のように、お互いの顧客獲得、売上向上に役立つ座組みをどのように作るのかが重要である。これを考えておかないと、紹介者・被紹介者という商売関係になるだけで、中長期的な関係構築がうまくいかない可能性が高いからである。そうならないためにも、補完的生産者とのディスカッションを通じて、お互いにとって利益となる座組みを考えていただきたい。

最後に、ベンチャー企業や今後の新規事業を考えている企業については、**業界で確固たる地位の補完的生産者になる事業を作り上げる**ことで、アフターコロナにおける事業成長を遂げられる。その際に参考になるのが、BCGの日本共同代表を務める杉田浩章氏が書いた『リクルートのすごい構〝創〟力』（日本経済新聞出版）である。同書は、リクルート流の補完的生産者たる事業をどのようにゼロから立ち上げれば良いのかについて示唆を与えてくれる。

2-4 toG(政府)のマーケティング

toGもマーケティングを行う時代に

これまで多くのマーケティングに関する書籍では、法人（B）が個人（toC）もしくは法人（toB）に対して行うものを対象としていた。そのため、ターゲティングやセグメンテーションといった基本的なマーケティング戦略から、具体的な広告手法、ブランド作り、SNSマーケティングなどの解説が多かった。

一方で、これまでインバウンド顧客を獲得することで潤ってきたtoG（政府・地方公共団体）が、コロナ禍でインバウンド需要が激減した結果、本格的にマーケティングを行う時代がやってきたと筆者は考えている。しかしながら、toGのマーケティングについて解説した書籍はほとんど見当たらない。そこで本節では、ウィズコロナの中で重要性が増してきた**toGのマーケティング**について見ていきたい。

表４　インバウンドの経済効果

	単位	2011	2012	2013	2014	2015	2016	2017	2018	2019
１人当たり旅行支出額	千円	130	129	136	151	176	155	153	153	158
観光客数	万人	621	845	1,036	1,341	1,973	2,403	2,869	3,119	3,188
市場規模	百万円	80,730	109,005	140,896	202,491	347,248	372,465	438,957	477,207	503,704

日本政府観光局「日本の観光統計データ」をもとに筆者作成

インバウンド需要は５千億円の市場に拡大

そもそも、インバウンド需要はどの程度日本への経済効果があったのだろうか。これについては、表４を見ていただきたい。

２０１９年の１名当たりの旅行支出額は15万８千円、観光客数は３１８８万人おり、インバウンドの市場規模は約５０３７億円となっている。これは５年前より１６００億円近く拡大している。一方で、20年の１～10月の現状では、観光客数は85・１％減の４００万人となっており、インバウンドの市場規模が大きく減少している。

もちろん、この数字はアフターコロナの世界になれば改善されると思われるが、その際にも、海外からいち早く日本に、そして各都道府県に観光客を呼び込む必要がある。また、ウィズコロナの中で、Ｇｏ Ｔｏ キャンペーンを皮切りに、国内向けの観光客獲得という側面も重要となる。

そこで、ウィズコロナからアフターコロナを見据えて、主体ごとに、ｔｏＧのマーケティング戦略を確立しておく必要がある。

では、具体的にどうするべきか。ｔｏＧのマーケティングを確立するためは、国・政府、県、市区町村という3つのレベルと、国内旅行者と海外観光客という2つの視点から、それぞれの顧客をセグメント化し、ターゲットを決め、ポジショニングを決めるという一般的なマーケティング戦略を決定するべきである。

ｔｏＧのマーケティング戦略を決定する上でのポイント

具体的には、図17を見ていただきたい。

まず、3つのレベルごとに、ターゲットにできる顧客の幅が異なる。それは、国・政府レベルの目標値・予算額と、市区町村レベルではターゲットも予算も大きく異なるからである。

したがって、どのレベルのマーケティングを検討するかで、どの程度ターゲットを広げられるか、どの程度顧客をセグメント化し、ポジショニング、つまり差別化するかのレベルを変える必要がある。

たとえば、国・政府レベルで検討すると、現在はアジア圏、特に中国と韓国からの観光客が多くなっているが、現状欧米など日本から離れた国から観光客を誘致するのは難しい。

図17　toGの３つのレベルとマーケティング戦略

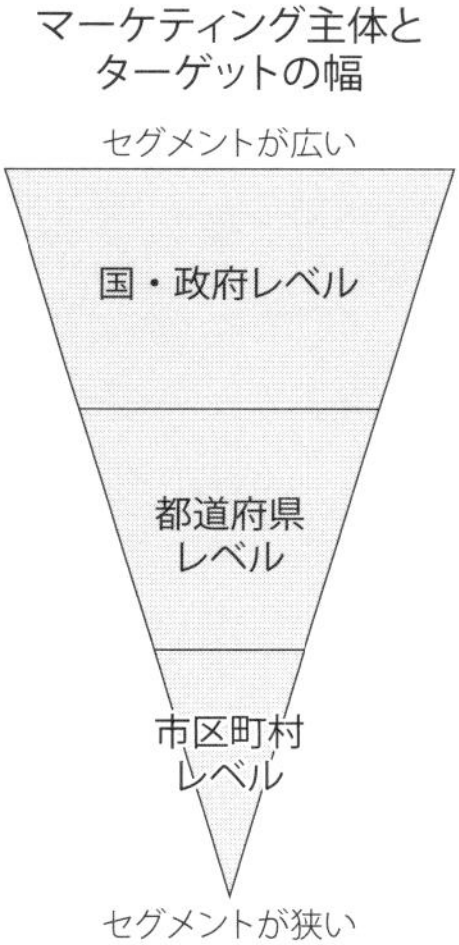

	国内観光客	海外観光客
国・政府レベル	セグメント：富裕層顧客 ターゲット：１カ月に１回高級旅館に行く層 ポジショニング：見る体験、食べる体験ができる	セグメント：アジア圏の観光客 ターゲット：中流以上で年間１回海外旅行に行く層 ポジショニング：アジアで最も安心・安全かつ目にも口にもおいしい体験
都道府県レベル	セグメント：都内のパワーカップル ターゲット：既に一般的な旅行先は訪れている層 ポジショニング：実際に体験価値ができるだけでなく、共有できる	セグメント：アジア圏のスキー客 ターゲット：既に主要エリアには訪問済みのリピーター ポジショニング：パウダースノーで初心者でも安心して滑れるスキー施設と温泉施設の２つを提供
市区町村レベル	セグメント：会社社長や自営業 ターゲット：１泊10万円以上利用することができる層 ポジショニング：富裕層がFacebookやInstagramでシェアしたい体験ができる	セグメント：中国の富裕層顧客 ターゲット：既に主要エリアには訪問済みのリピーター ポジショニング：中国語が話せる安心施設の運営

そこで、セグメントとして、まずはアジア全体の観光客にターゲットを広げたいとする。次に、ターゲットとしては、富裕層だけでなく、海外旅行を年間１回以上する中流階級以上とし、ポジショニングとして、アジア圏で最も安心・安全に旅行ができ、かつ目にも口にもおいしい体験ができる、というＳＴＰ戦略を掲げるとする。

都道府県・市区町村レベルでは より限定的なＳＴＰ戦略が求められる

一方で、都道府県レベルでここまで大きなセグメント、ターゲットを設定することは難しい。そこで都道府県レベルでは、国・政府レベルで検討したアジア圏の顧客をどのように自エリアに取り込むのか、そのマーケティング戦略が必要になる。

たとえば、アジア圏の中でも中国や韓国などの観光客は、東京や大阪などの主要都市、もしくはニセコなど主要なスキー場については、行き尽くしている可能性がある。すると、都市部以外の都道府県については、はじめて日本に来る人よりも、来日したことはあるが大都市圏しか訪れたことがないという観光客を獲得するのかを考えるのが良い。

中国ではスキー人口を1億人まで拡大しようとしているが、このターゲットをいかに獲得するかは、都道府県にとって大きな需要創造になる一方で、都道府県間の競争となる。このときに参考になるのが、中国では初心者が多いにもかかわらず、国内では人工雪のスキー場が多く、彼らが安心して滑ることができるスキー場はまだ少ないという情報である。そこでパウダースノーで初心者に安心なスキー場であることをアピールしつつ、温泉施設や観光施設をセットで提案するというポジショニングがあり得る。

さらに、市区町村レベルでは、さらに特化したターゲット、特化したセグメントとポジショニングを設定する必要がある。たとえば図17のような、既に主要エリアには訪問済みでまだ見ぬ日本を知りたい層がこれに当たる。そこまで細分化することで、実際の現場で、たとえば中国の富裕層に特化するために、英語やフランス語よりも優先して、中国語、中国で利用可能な決済手段を用意するといった対応ができるようになり、これが差別化要素となる。

以上のように、toGのマーケティングについては、レベルごとに応じて、特に都道府県レベルと市区町村レベルが連携して、**マーケティング戦略と具体的な戦術を設計、実行する**必要がある。これは、国内旅行者をターゲットにする場合にも同様である。国内旅行者についてはウィズコロナの中で、喫緊で議論するべきであり、ご自身で図17の空白内を埋めるワークをしていただきたい。

「公共団体だから」を止めることからマーケティング戦略は始まる

そして、ここまでの戦略を設計することで、レベルごとに、どのような広告手法が良いのか、どのようなプラン・商品を考え、どのようなブランディングをしていけば良いのか、という一般企業と同じように戦術を練ることができるようになる。

このように、ウィズコロナの世界でtoGのマーケティングは、国そして地方公共団体の財政を握る重要な要素となってきており、今、この準備を始めるか否かがアフターコロナでの成否を分ける可能性が高い。

各省庁や地方公共団体の関係者の方は、「われわれは公共団体だから」といった意識を持たず、こうした戦略のポイントを理解いただいた上で、一般企業のように、マーケティング戦略と戦術を構築していただきたい。

第3章

グローバル企業から見るアフターコロナの「メッセージ」

3-1 企業ブランドか製品ブランドか製品価値か？

日本における社会の変化とマーケティング戦略の変遷

ここまで主に国内のマーケティングに関する大きなトレンドの変化を中心に、ウィズコロナにおいて足元で起きている消費動向およびマーケティングの変化の潮流と、アフターコロナでどのようなマーケティング戦略が求められるのかについて解説を行ってきた。

本章ではスコープをより長期視点、グローバル視点に変えて、アフターコロナのマーケティング戦略について見ていきたい。

本節のテーマは、**アフターコロナにおける企業の差別化要素はどのようなものになるのか**である。この点を理解するために、まずは日本における社会の変化とマーケティング戦略の変遷について簡単に解説しておく。それを見ることで、約10年ごとに企業が重視すべき差別化要素が変化し、それによって求められるマーケティングが異なることがわかる。

モノ不足からモノ余りへ

まず、戦後から高度経済成長までは、常にモノが足りない状態で、モノを作るための資金力が最大の差別化要因であった。商社や大企業、そして都銀など資金力のある企業が特に強みを持っており、東京大学卒業生の人気就職ランキングの上位も紡績系企業や商社、日本興業銀行（現みずほ銀行）などであった。

その後、バブル期に入ると、最低限のニーズが満たされた状態で、モノがあふれかえっており、ただ商品を開発しただけでは売れなくなっていった。全国的に大手のGMSスーパー、そして1980年代後半にはコンビニエンスストアが普及し始め、モノ余りの状態に拍車がかかった。

そこで、マーケティングの神様と呼ばれるフィリップ・コトラーの『コトラーのマーケティング・コンセプト』（東洋経済新報社）や80年から日本進出を始めた外資系のコンサルティング会社を中心に、STPや4Pといったマーケティング戦略が日本に広がり、マーケティングを駆使して商品を販売することが当たり前となった。

バブルが崩壊すると、それまでのように高額な商品が飛ぶように売れるような時代ではなくなった。デフレが続く中で、良い商品をより安く提供することが差別化要素となり、海外で大量生産を行うことで、低価格路線に強みを持つ企業が競争を勝ち抜いていった。それらの企業は生産コストを抑える代わりに、テレビCMなどのマスマーケティングに積極的に投資をし、顧客獲得を行っていた。

パソコンの普及により顧客ニーズが多様化

次に2000年代に入ると、いよいよ日本でもパソコンが普及し始め、携帯電話が爆発的に普及した。DVDレコーダー、デジタルカメラ、液晶テレビが「デジタル三種の神器」とされ、プレイステーション2やプレイステーション・ポータブル（PSP）、任天堂DSといったゲーム機器も家庭の支出の中でも代表的なものとなった。

楽天、ヤフー、エムスリー、サイバーエージェント、DeNAといった現在の日本を代表するメガベンチャーと呼ばれる企業は、この時期に広告ビジネスやITビジネスで成功を収めている。

この時代の差別化要素は、「大きなブーム」を作り、それに乗ることができるかどうかであった。若者文化がクローズアップされるようになり、アムラーや浜崎あゆみを代表とするギャル系ファッション、秋葉原のアニメ文化やAKB48旋風、女子フィギュアスケート、各種格闘技大会など、大きなブームを巻き起こすための仕掛けのうまさと、マスメディア、そしてインターネットの両方を活用したマーケティング戦略のうまさが企業の成否を分けた。

10年代になると、スマートフォンが普及し始め、00年代にも増して急速にＳＮＳが普及し、ツイッターやインスタグラム、ユーチューブなどのプラットフォーマーが大きな影響力を持つようになる。

それにより従来以上に顧客ニーズは多様化し、老舗が作った卵かけご飯専用のしょうゆなど、マスコミでは広がらなかった商品が、ＳＮＳでブレイクする現象が起きるようになった。マーケティングとしては大規模な仕掛けやマス広告といったものよりも、細かなセグメント、つまりロングテールに対して、マーケティングが求められるようになった。

アフターコロナの世界では企業ブランドが重要に

では、ウィズコロナ、そしてアフターコロナの世界ではどのような要素が企業の差別化要素となるのだろうか。筆者は**企業ブランド自体が最大の差別化要素になる**と考える。

まず表5のように、10年代からＳＮＳの発展もあり、特にＢ２Ｃの領域で、皆が利用す

表5　企業の差別化要素の変化とマーケティング戦略

年　代	時　勢	企業の差別化要素	マーケティング戦略における重要ポイント
～1970年代	高度経済成長	資金力	なし
1980年代	バブル経済	商品開発力	マーケティング戦略の登場
1990年代	バブル崩壊	低価格・大量生産	顧客のセグメント化・ターゲティング
2000年代	デフレ時代	売れるための目新しい商品企画	ブーム創造のための大規模広告
2010年代	アベノミクス	自身を表現できる商品の提供	SNSマーケティング個人のインフルエンサー

る製品をより多くの人が利用するようになってきた。「自分らしさ」を発信、表現するような商品サービスが強くなり、ユーチューバーなどの新しい職業の登場でそのことが加速していった。

しかし、ここにおいて、新型コロナウイルス感染症が世界各国に広がり、これまでの価値観とは異なり、「みんな違ってみんな良い」という考え方が重視されるようになってきた。人々はより安全で健康的な商品やサービスを求めるようになる。さらには、欧米諸国では後に述べるＳＤＧｓの普及もあり、脱大量生産、脱プラスチックゴミ問題などの新しいムーブメントが起きている。

そのような混沌とした世界情勢、社会情勢の中で、個人はプラスチックゴミの排出をしない企業や多様性を尊重する企業などを重視する一方で、環境問題を軽視したり、動物虐待をして製品開発をしていたりする企業などへの不買運動が起こっている。欧米諸国を中心としたこのような動きは、日本にも遅からず波及すると考えている。

この流れは、SNSがここまで普及した以上、プラットフォームの移り変わりはあったとしても、止まることはないだろう。つまり、ますますインスタグラムで自身の購入した商品を掲載するようになり、ツイッターなどで口コミや日常をつぶやき、そしてフェイスブックなどで仕事や趣味の情報を書き込むようになっていく。

では、マーケティングを考える上で、個人も法人もどのような評価軸で商品やサービスを購入するのだろうか。これについて考えるためには、商品をどのように選択し、何で比べているのかを理解する必要がある。顧客の商品・サービスの選択軸には、価格や味、パッケージ、機能性、チャネルなどさまざまな要素があるが、近年特に重要なのは**ブランド**である。その背景として、「はじめに」でも述べたように、コロナ禍でエシカル消費や安全な商品へのニーズが高まっていることが大きな要因となっている。

企業ブランドの3つの側面

そこで、企業ブランドと商品ブランドの何がどのように違うのかわからない人のために、改めて、企業ブランド、商品ブランド、商品価値の3つについて確認しておこう。図18を

図18　企業ブランド・商品ブランド・商品価値の関係

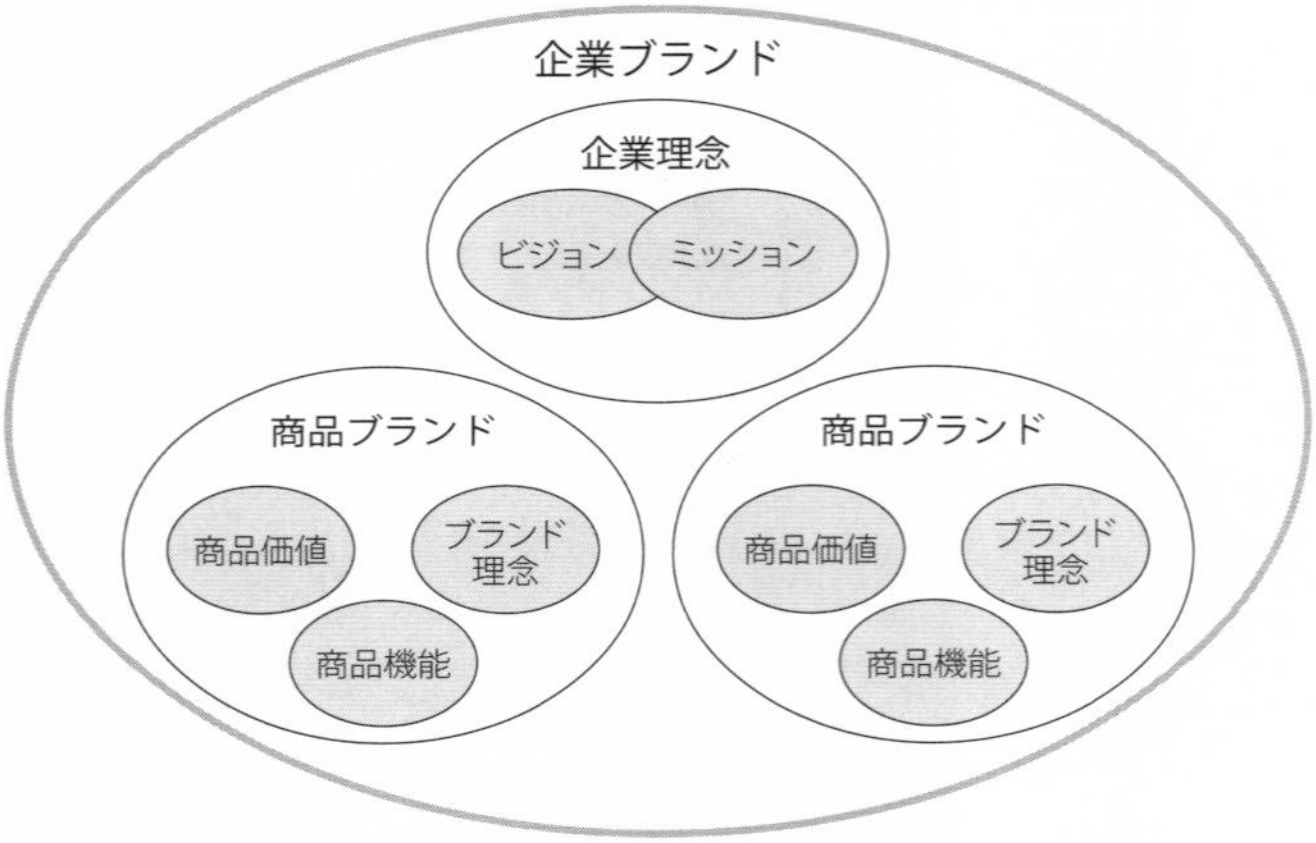

見ていただきたい。

まず、一番小さな単位は、「商品機能」、「商品価値」、「ブランド理念」の3つである。

商品機能とは、商品・サービスを利用して直接得られる機能のことである。スマートフォンであれば、カメラが高性能、いろいろなアプリが使える、データ容量が大きい、端末が安いといったものがこれに当たる。

次に商品価値とは、商品機能のように誰でも感じられるものではなく、消費者・顧客個人個人が感じる、商品そのものではない間接的な価値である。先のスマートフォンの事例でいえば、見た目がかわいい、スマートフォンケースの種類が豊富、パッケージがオシャレといったものが商品価値になる。

最後にブランド理念とは、そもそもなぜそ

のような商品が生まれたかについての商品開発の理念である。これは商品によって異なるが、たとえばアップルのiPhone 12 Proは、「飛ぶように次の次元へ」をブランド理念として掲げている。iPhoneは、もともとはスマートフォンを開発するよりも新しい入力デバイスを開発するためにプロジェクト化されたものであり、iPhoneの入力や利用のしやすさがこのブランド理念をわかりやすく表している。さらには見た目のスマートさ、さまざまなアップル製品との連動や、アップルストアなどの多数のコンテンツが利用できるプラットフォームという商品価値を提供している。もちろんスマートフォンケースなどは最も対応製品が多い。

以上のように、ひとつひとつの商品・サービスは、商品機能、商品価値、そしてブランド理念の3つが合わさり、その総合的な良し悪しが商品ブランドになり、この商品ブランド同士が競争を行っている。

まずマーケターとして商品担当をしている場合、競合企業の商品ブランドとどのように競争を行うべきかについて、この3つの視点から検討をするべきである。この点については第5章で詳しく説明する。

そして企業全体としては、図18のように複数の商品ブランドを持っているケースが多く、そのブランドを束ねて、企業間の競争を行い利益を上げる構造になっている。

ただし、企業ブランド全体としては、この商品の束だけでなく、企業理念、つまりビジョン・パーパスとミッションを加えたものが企業ブランド全体となる。そして、**この企業ブランドこそ今後の最大の競争優位となる。**

企業ブランディングとは何か？

では、企業ブランドを上げるためのブランディングはどのように行えば良いのだろうか。そのためには、まずブランディングとＰＲとの違いについて理解する必要がある。拙著『アフターコロナの経営戦略』（翔泳社）でも紹介したが、広告とＰＲとブランディングの違いについて、わかりやすく解説した図がある。

図19を見ていただきたい。これは、小山田育氏と渡邊デルーカ瞳氏が書いた『ニューヨークのアートディレクターがいま、日本のビジネスリーダーに伝えたいこと』（クロスメディア・パブリッシング）の内容をもとに、筆者が作成した図である。

小山田氏らは、図19のように、広告とはお金を払って自社が「おいしいレストランである」ことを直接顧客に説明するもの、ＰＲとは間にＰＲ会社やメディアなどをはさみ、「おいしいレストランである」ことを発信してもらうことを指すと解説する。

図19　広告、PR、ブランディングの違い

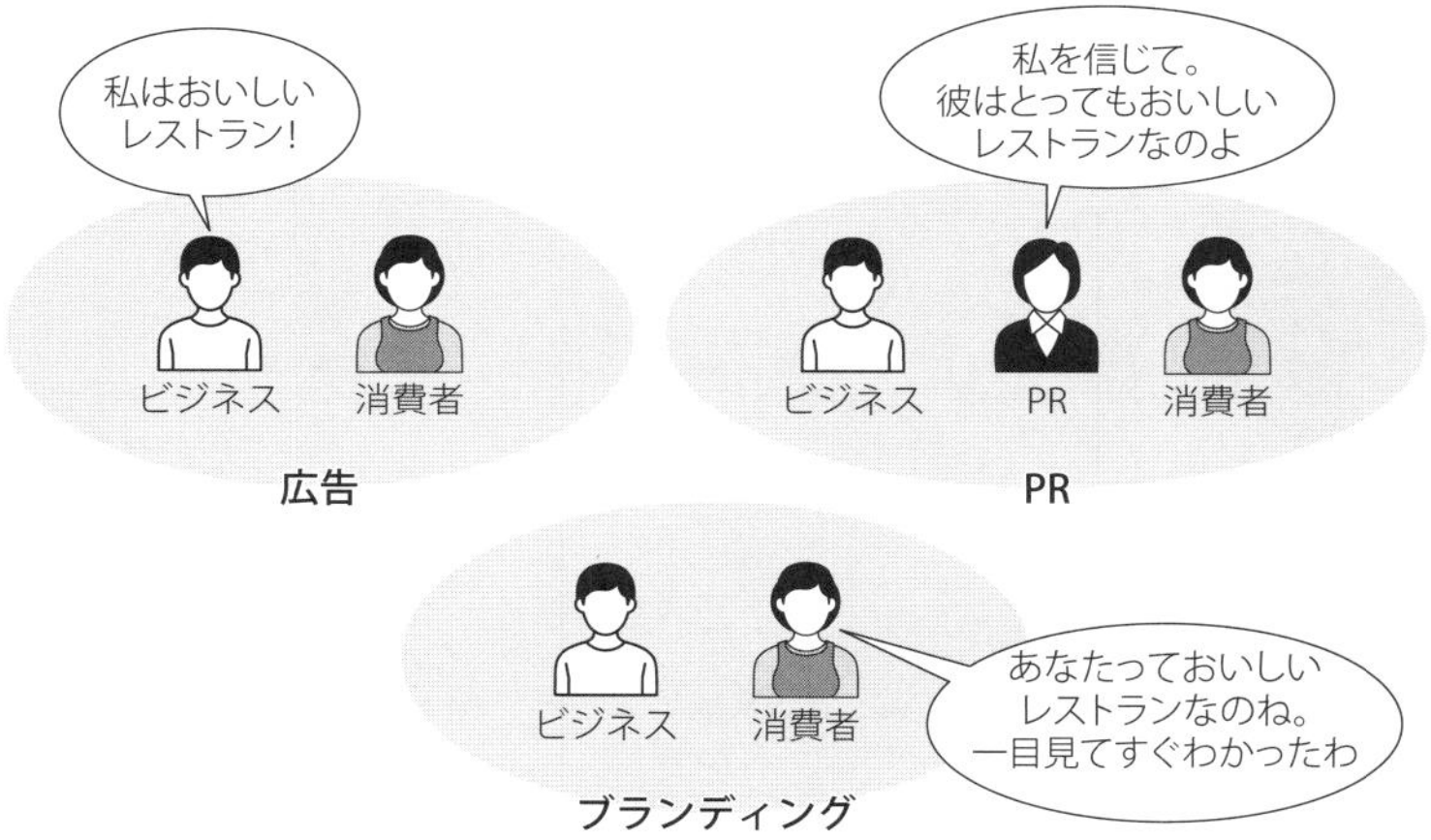

出典：小山田育・渡邊デルーカ瞳『ニューヨークのアートディレクターがいま、日本のビジネスリーダーに伝えたいこと』（クロスメディア・パブリッシング）をもとに作成

一方で、ブランディングとは、自社やPRの会社から発信するのではなく、顧客のほうから「おいしいレストランである」ことを認識してもらうことであるとしている。つまり、ブランディングはお金を払って作り上げるものではなく、**時間をかけて顧客に企業の理念や商品・サービスなどを理解し、納得してもらうこと**が重要になるということである。

ブランディングの2つの手法

具体的に顧客に対するブランディングをするための方法としては、次の2つの観点から検討する。1つ目は**顧客に伝える価値の再設計**、2つ目は**顧客にブラン

図20　顧客目線でのブランディングの流れ

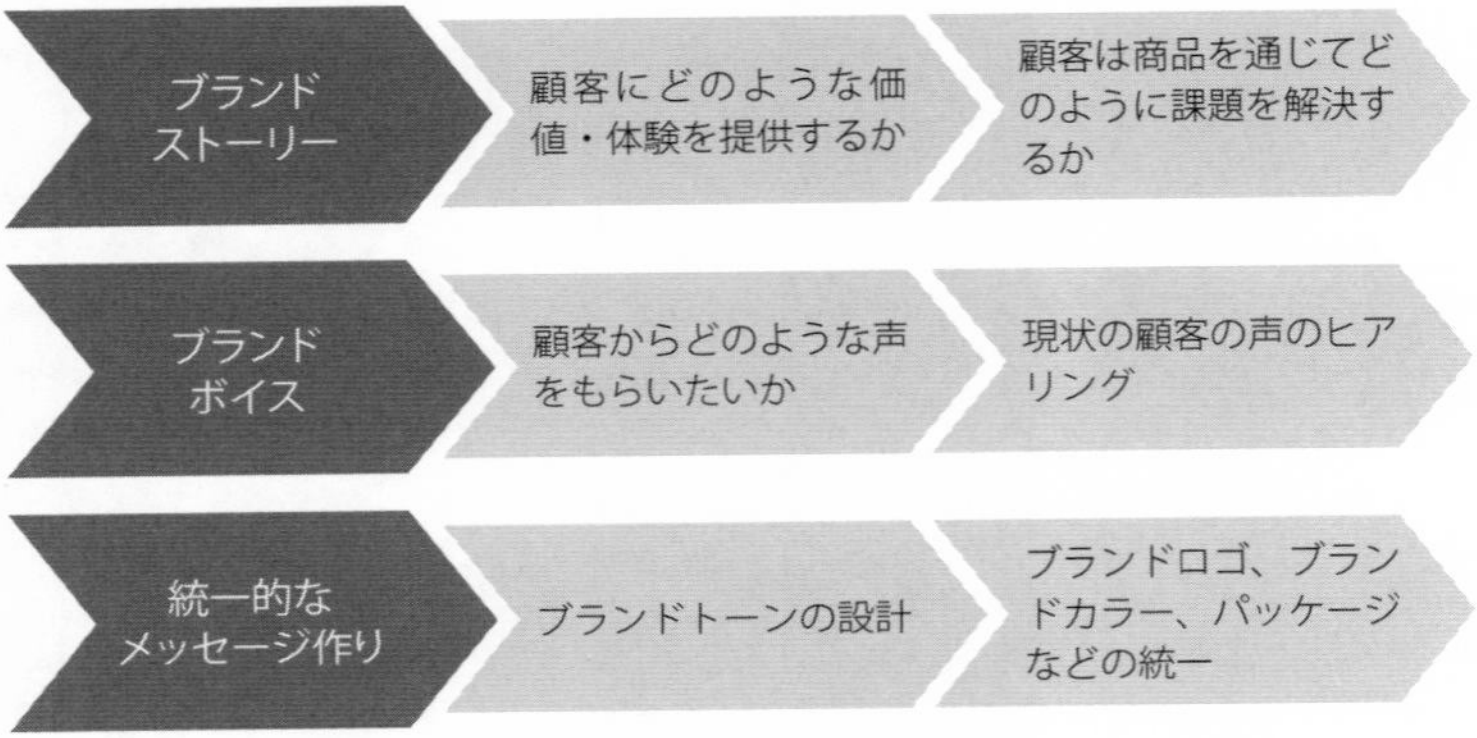

ド価値を伝える手法の検討である。

まず、顧客に伝える価値の再設計については、特に会社の経営理念（ビジョン・ミッション）を詳しく説明するとともに、商品ごとのブランド理念についてもこれまで十分に訴求できていなかった企業については、改めて理念の再整理から行ってほしい。

図20を見ていただきたい。この図にあるように、最初に行うべきは**ブランドストーリーの設計**である。商品を利用した後の顧客にどのようになってほしいのかという視点から検討を始め、ブランドを体験した上で得られるメリットについてのストーリーを作ることが最も重要である。

その際には、自社の視点であるブランド定義（自社のブランドとはどういうものか）を**ブランドボイス**（顧客への商品を通じた訴え）に転換する必要がある。ブランドボイスは、顧客からどのような声をもらいたいのか、現状の顧客の声をヒアリングしながら決定する。そして、それを商品機能や商品価値に反映させるのである。つまり、ブランドのトーン（どのような語り口調か）、ブランドロゴ、ブランドカラー、パッケージなどを**統一的に作成すること**がブランディングのプロジェクトでは行われる。

ブランドの伝え方と紙媒体のメリット

図20の図に沿って訴求するべきブランド価値の設計が完了したら、次に顧客にブランド価値を伝えていく。これについては、いくつかのパターンがある。具体的には、ブランド価値を伝えるブランドページの作成、ブランド価値と消費者の声を伝える資料の作成、マスメディアを通じた定期的な情報発信などがある。

特にアフターコロナの世界においては、インターネットを通じた商品販売が増加する反面、**紙媒体の重要性も増す**と考えている。なぜなら、インターネットでの情報発信は常にフロー情報のため、顧客の頭から忘れ去られ、そのページを再度見なければ思い出すこともない。一方で紙媒体ならば捨てられさえしなければ、ストック情報としていつまでも顧客の手元にあり続ける。

世の中がどんどんネット社会になるからこそ、紙媒体を活用した情報提供の見直しをすべきだろう。しかも、今はラクスルなどの格安で印刷できるサービスも多くあるため、小さく始めて、成功すれば大きく拡大するチャレンジもしやすい。

次節からは、ここまで説明した視点から、ブランディングを体系的に行っていく中で、グローバル視点で生まれる新しいコンセプトについて解説していこう。

3-2 脱・大量生産時代のコンセプト

サーキュラー・エコノミーとは?

前節で述べたように、アフターコロナにおけるマーケティング戦略で重要となるのは企業ブランドである。

これを考える上で新しいコンセプトがある。それは、「**サーキュラー・エコノミー**」という考え方である。この考え方は日本でもコロナ禍で徐々に広がりつつあるが、メーカーの方以外だと知らない人もまだまだ多い。そこで本節では、事例を交えてこの考え方について簡単に解説をしていく。

まずサーキュラー・エコノミーとは、コンサルティング会社のアクセンチュアのピーター・レイシーとヤコブ・ルトクヴィストが『サーキュラー・エコノミー』（日本経済新聞出版）の中で提唱している考え方である。

図21　サーキュラー・エコノミーのコンセプト

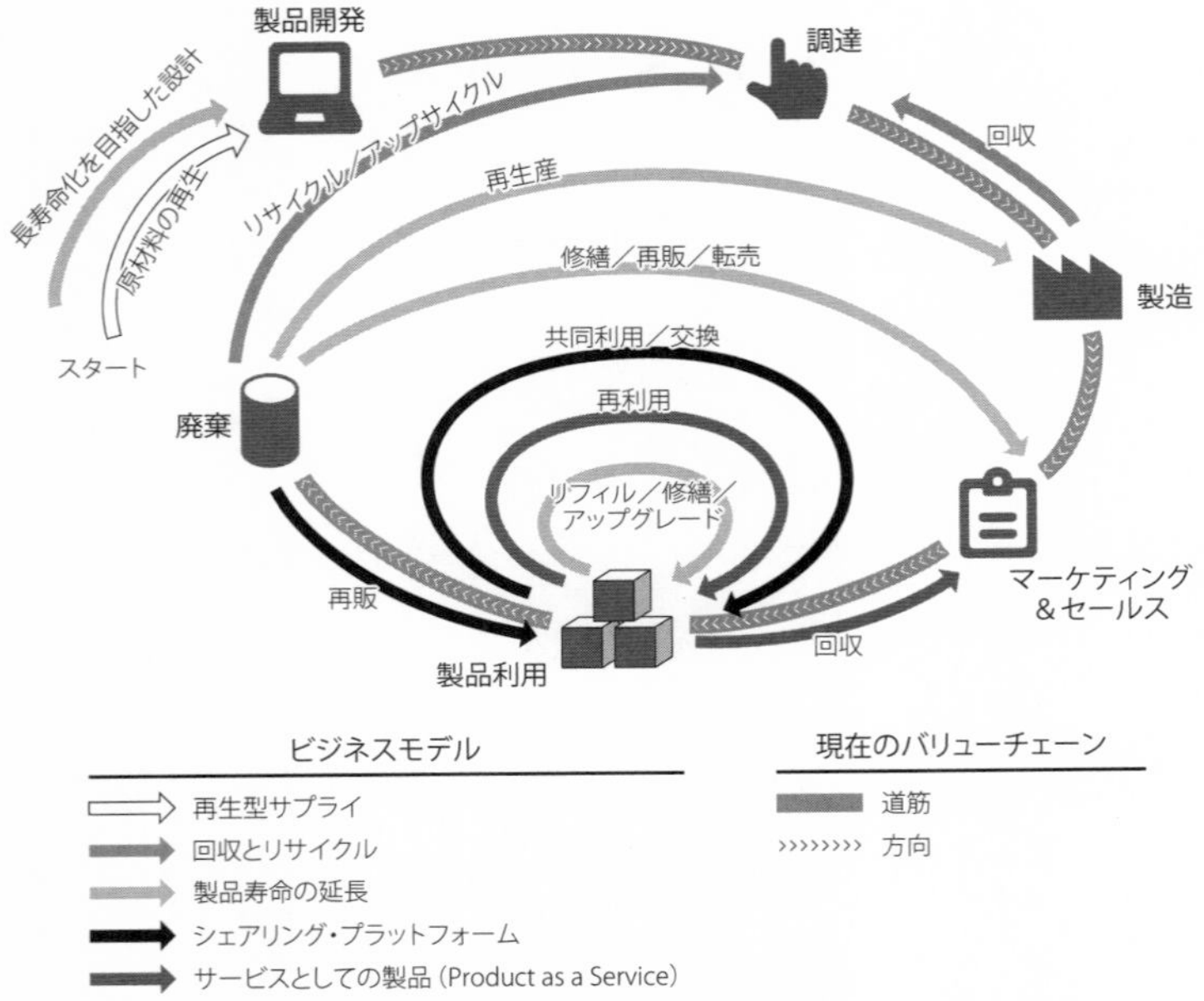

出典：ピーター・レイシー、ヤコブ・ルトクヴィスト『サーキュラー・エコノミー』（日本経済新聞出版）

図21を見ていただきたい。サーキュラー・エコノミーの考え方は、コロナ前の世界で当たり前であったような大量生産と大量廃棄による製品提供モデルではなく、企業が利用する製品、部品、資源を廃棄せず、再生・再利用する循環型の製造・サービス提供によって、競争優位（サーキュラー・アドバンテージ）を獲得するという商品設計、商品提供のコンセプトである。

アクセンチュアの試算では、サーキュラー・エコノミーの概念を活用することで、2030年をめどに4・5兆ドルの利益が生み出せるとされており、このことはアフターコロナにおける大きなチャンスにつながると筆者は考えている。

再生型サプライの提供を加速化させる欧米企業

それでは図21に記載されている脱・大量生産、大量消費のための5つのビジネスモデルについて詳しく見ていくことにする。

まず1つ目は、**再生型のサプライ（原材料）の使用**である。これは、繰り返し再生し続ける100％再生／リサイクル可能な原材料、生分解性プラスチックなどを用いることで、環境負荷を減らしながらも、資材の枯渇や法改正によって企業が現在使用している資源を調達、使用できなくなるリスクを減らすことにつながる。

国内でもプラスチックゴミ問題が盛んに報じられるようになってきたが、グローバル視点ではよりその議論が進んでいる。アフターコロナにおいて、再生型のサプライの使用が遠からず大きなテーマになってくるのは間違いない。

この点において、ＩＫＥＡやＨ＆Ｍなどのメーカーは、再生可能なサプライの使用をしながらも売上げを伸ばしている。たとえばＩＫＥＡでは、「ピープル・アンド・プラネット・ポジティブ」という目標を掲げ、特に「Climate Change（気候変動）」や「Sustainable Energy（持続可能エネルギー）」という領域に力を入れている。たとえばEnergy、商品で使用している木材の77％がリサイクルやＦＳＣ認証（森林認証制度）をしたものである。

Ｈ＆Ｍも同様にサプライチェーンの変革を行っている。同社は、２０１７年の1年間で12万トンの商品廃棄を行っており、日本でも15億着というアパレル品が廃棄されている現状がある。そのため、２０３０年までに１００％リサイクル製品もしくはその他の持続可能な原料を使用した商品に置き換えることを宣言しており、40年までにバリューチェーン全体を通して、環境に対する取り組みを徹底すると表明している。そのために、たとえば水をきれいにしながら利用できる藻が原料となっているソールの開発や、通常廃棄されるパイナップルの葉を活用した合皮の製造、オレンジの絞りカスを活用した繊維の生成、１００％再生可能なバイオ製造のコットンなど、再生可能な資源を活用した製品提供を多数行っている。

同社が参考となるのは、ただ再生可能な資源で製品開発をしているだけではなく、それを生み出すプロセスにもある。それは、廃棄物を出さない製品への移行に貢献するイノベーション・アイデアを世界中から募集し、毎年5つのチームに対して、総額１００万ユーロ（1億2千万円相当）の資金提供と、アクセンチュア、スウェーデン王立工科大学と協力して提供する1年間のイノベーション推進プログラムを提供する「Global Change Award」を開催することで、オープン・イノベーションを推進している点である。先に紹介したバイオ技術で作られたコットン製品はGALY社が開発したものであり、Global Change Awardで優勝したアイデアから生まれたものである。

三菱電機の回収とリサイクルモデル

次に、ビジネスモデルに取り入れるべきなのは、**回収とリサイクル**である。この考え方では、従来は廃棄物とみなされていたもので他の用途に活用することを前提とした生産・消費システムを構築することである。なお、日本企業は他国と異なり、回収とリサイクルについては得意な企業も多いため、ここでは簡単な事例紹介にとどめておく。

先に紹介したＩＫＥＡでは、家具の下取りサービスを行い、それを中古で販売している。これにより廃棄を減らしながら、木材や使用するパーツが少ない最新製品への切り替えを促す仕組みとなっている。

このモデルはアップルの製品でも見られる。同社は1時間に２００台のスマートフォンを分解し、再利用可能な電池などを取り出す機械を導入している。

日本の企業で、かつＢ２Ｂで成功しているのは三菱電機である。家電製品に強みを持つ同社だが、家電製品は部品点数が多くリサイクルの難易度が高いことから、これまで回収したもののうち６％しか再利用がなされていなかった。そこで、プラスチックの粉砕、微粉砕を行うことで、鉄やアルミなど別の部品を取り除く工場を持つハイパーサイクルシステムズと、大規模・高純度プラスチックリサイクル工場を持つグリーンサイクルシステムズを設立し、これまで不可能であった細かな素材単位で粉砕、分類することで家電のプラスチックの80％をリサイクル可能にした。三菱電機の事例でも、自社本社だけでなく子会社を活用しながら、実験的に成功をつかんできた点もＨ＆Ｍと同様であるといえる。

パソコンメーカーに見る製品寿命の延長法

３つ目に**製品寿命の延長**である。製品寿命の延長では、壊れたり、不要になったりした製品を回収し、修理し、再度販売するモデルを構築する。これを精力的に行っているのがＤｅｌｌ、マイクロソフト、アップルといったハードウェアメーカーである。

まずＤｅｌｌは２０１４年から、使用済みのデスクトップＰＣを消費者から買い取り、補修やクリーニングを行った上で、アウトレットPCとして販売している。現在では、デスクトップPCだけでなくノートパソコンやサーバーなども取り扱っている。

マイクロソフトについても、アメリカ国内において再生PCを提供する認定事業者を指定し、認定を得た再生PCかどうかについて承認ラベルを添付することで、消費者が安心して利用することができる体制を整えている。

アップルにおいても認定整備済み製品として、HP上で提供している。筆者が閲覧した2020年12月においては、MacBook以外にiPad Airやアップルウォッチも対象となっており、新品のものよりも安く設定されて販売されている（筆者がこの原稿を書いているMacBook Proと同モデルも格安で販売されていた）。

ラクサスに学ぶ家庭内製品のシェアリング・エコノミー

4つ目に**シェアリング・プラットフォームモデル**である。シェアリング・エコノミーについては既に広がりつつあるが、ウーバーやAirbnbのような非稼働資産を活用することで、循環可能なビジネスモデルを作ることである。

先ほど紹介した『サーキュラー・エコノミー』によると、先進国の一般家庭にある製品のうち、80％が月に一度しか利用されていないという。このデータから、現在のシェアリング・エコノミーの対象になっているものは耐久消費財や大型機械などが多いが、家庭にあるような小さな製品もシェアリング・エコノミーの対象になり得ることを示唆している。

たとえば、高級ブランドバッグのレンタルサービスを提供するラクサスは、利用していないブランドバッグを持つユーザーにレンタル料を支払って、ブランドバッグを借りたいユーザーに貸し出すサービスを提供している。同社はもともと、57のブランドバッグが6800円で借り放題になるサービスを提供している企業であり、会員数は32万人を超える。では、なぜ利用していないブランドバッグをユーザーは貸し出すのかといえば、貸し出した側は1年間で最大2万4千円を受け取れるようになっているからである。ブランドバッグが好きなユーザーはブランドバックを複数持ちながら、使わないときは貸し出すことで別のブランドバッグを買う資金を得ることができる。そして、ラクサスでの貸出数の30％以上がこの両者のマッチングで成り立っているという。

ラクサスのように、消費者に向けた製品を提供する企業は、自宅にありながら利用されていない製品のシェアリング・エコノミーを構築することで、新たな市場を獲得できる可能性がある。たとえばＤＩＹの工具など、単価の割に利用する頻度が限られる製品はこのシェアリング・エコノミーが成り立つ可能性が高い。

フィリップスライティングのLightning as a service

最後に、**サービスとしての製品**である。これは、製品・サービスを利用した分だけ支払うものであり、これまでの大量生産時代のように、どれだけの量を販売したかではなく、顧客への価値提供の成果を重視する。これに関して優れた事例は、大手家電メーカーのフィリップスの照明事業であるフィリップスライティングである。

フィリップスライティングでは、「サービスとしての照明（Lighting as a service）」と呼ばれる法人・地方自治体向けの照明インフラ事業を展開している。この事業は、電球1個いくらという商品を販売するのではなく、消費電力量を削減しながら、顧客の求める性能、つまり明るさを提供することで、削減した電気料金の額に応じてその数十パーセントの報酬を得るビジネスモデルとなっている。このモデルはPay Per Lux（明るさに対する課金）とも呼ばれ、ワシントンDCなどの地方自治体やイギリスの学生組合といった法人以外での導入も行われている。

このサービスとしての製品提供はサブスクリプションと同様の考え方であり、顧客の声をヒアリングしながら、定期的な収益を獲得する安定的な事業運営に貢献する。安定的な事業運営が可能になれば、マーケティングも安定するのはいうまでもない。

バリューチェーンを変革するテクノロジー

ここまでサーキュラー・エコノミーというコンセプトの紹介と、それを行う上で取り入れるべき5つのビジネスモデルについて解説を行ってきた。レイシーらは、これら5つのビジネスモデルを実現する10のテクノロジーについて解説している。

図22は、原材料の調達から製品の破棄／再利用までのバリューチェーン全体にどのようなテクノロジーが影響するのかを説明したものである。

出発点は原材料の調達で、ライフ＆マテリアル・サイエンス・テクノロジーとして、廃棄物として扱われてきた生産物を新たな資源として利用可能にしている。これを実現していく上では、テクノロジーを自社で抱え込む必要はなく、H＆Mのように外部と連携してアイデアをブラッシュアップしていくことが必要である。また、リサイクル技術が向上することで、高度なリサイクル・テクノロジーが登場する。これは三菱電機の事例のように、今までリサイクルがなぜうまくいっていなかったのかをゼロベースで見直すことで、成功の法則が見えてくるといえる。

次がモジューラー・デザインである。モジュラー・デザインとは、家電製品やパソコン、自動車のように、製品を1つの塊、モジュールとして設計することで、故障時においても

図22　サーキュラー・エコノミーを実現する10のテクノロジー

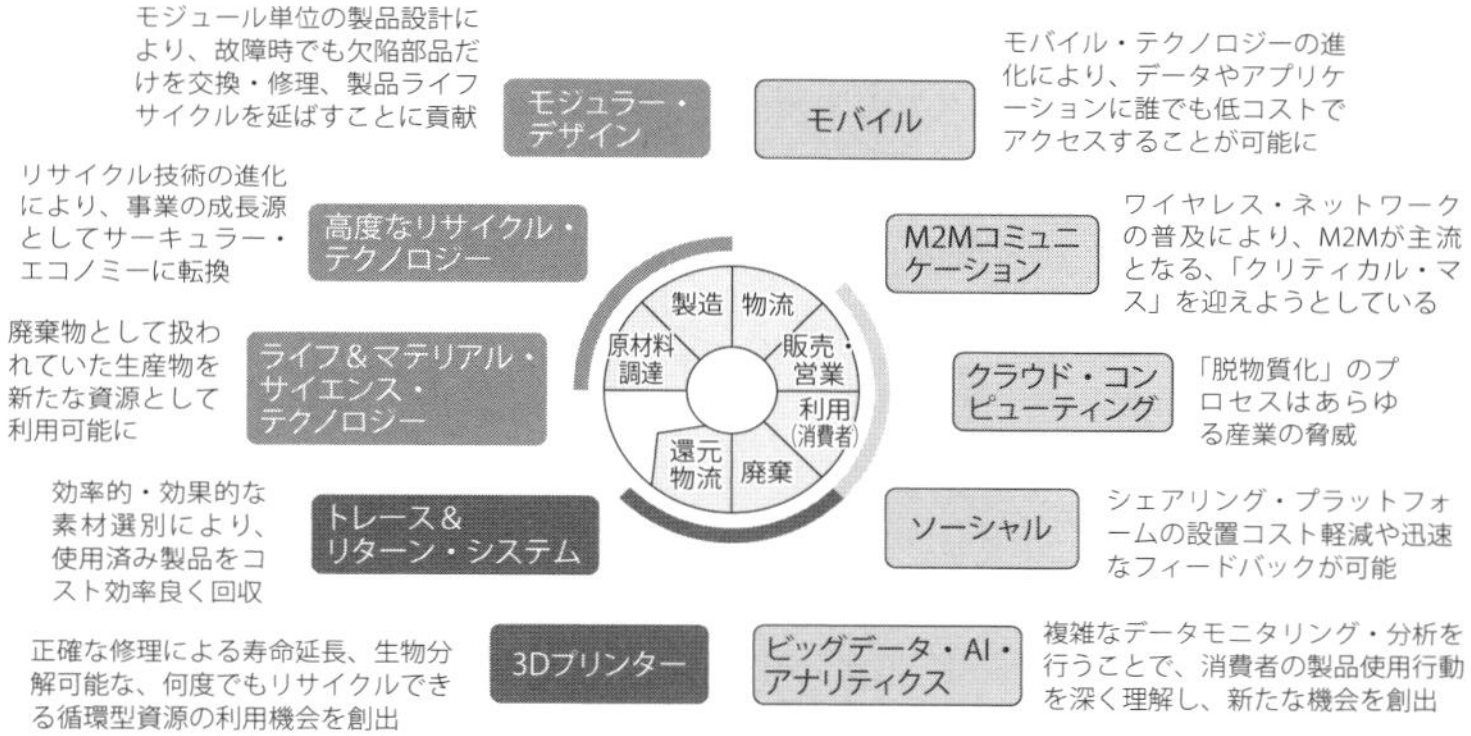
モジュール単位の製品設計により、故障時でも欠陥部品だけを交換・修理、製品ライフサイクルを延ばすことに貢献
モジュラー・デザイン
モバイル
モバイル・テクノロジーの進化により、データやアプリケーションに誰でも低コストでアクセスすることが可能に
リサイクル技術の進化により、事業の成長源としてサーキュラー・エコノミーに転換
高度なリサイクル・テクノロジー
M2Mコミュニケーション
ワイヤレス・ネットワークの普及により、M2Mが主流となる、「クリティカル・マス」を迎えようとしている
廃棄物として扱われていた生産物を新たな資源として利用可能に
ライフ&マテリアル・サイエンス・テクノロジー
製造
物流
原材料調達
販売・営業
利用(消費者)
還元物流
廃棄
クラウド・コンピューティング
「脱物質化」のプロセスはあらゆる産業の脅威
効率的・効果的な素材選別により、使用済み製品をコスト効率良く回収
トレース&リターン・システム
ソーシャル
シェアリング・プラットフォームの設置コスト軽減や迅速なフィードバックが可能
正確な修理による寿命延長、生物分解可能な、何度でもリサイクルできる循環型資源の利用機会を創出
3Dプリンター
ビッグデータ・AI・アナリティクス
複雑なデータモニタリング・分析を行うことで、消費者の製品使用行動を深く理解し、新たな機会を創出

出典：ピーター・レイシー、ヤコブ・ルトクヴィスト『サーキュラー・エコノミー』（日本経済新聞出版）

不具合のある部品を交換・修理することで製品のライフサイクルを延ばす製品開発の考え方である。

　こうして完成した製品は、物流については、５Ｇなど高速通信技術が普及することで、低コストで顧客が製品にアクセス可能となる。また、Ｍ２Ｍ（Man to Machine）コミュニケーションとは、５Ｇなどの高速度通信が普及することで、スマートスピーカーやＡＩアシスタントなどを通じて製品と人間のコミュニケーションがより活発化するという考え方である。アマゾンのAlexa、グーグルのGoogle Nest、アップルのHomePod、ＬＩＮＥのLINE CLOVAなどが代表例である。

　具体的な利用については、当たり前のように普及しつつあるクラウド・コンピューティングやソーシャルネットワーク、ビッグデータ技術の進展がサーキュラー・エコノミーを促進する。クラウド・コンピューティングは提供業者のサーバーの空き時間を利用料に応じて活用することで、低コストかつ安定したサービス提供が行われるものであり、ＳＮＳによって顧客の声をすぐに製品に把握することが可能となるからである。

３Ｄプリンタ技術は世界的に拡大する

さらにはまだ日本ではほとんど普及していない**３Ｄプリンタの技術**も重要である。

グローバルインフォメーションが２０２０年6月26日に発表した「３Ｄプリンタ製造の世界市場（２０２０年〜２０３０年）：Covid-19の影響による成長と変化」によると、３Ｄプリンタの市場は足元で昨年対比で13・76％減少しているものの87・１億ドルあり、23年には１６６・９億ドルにまで急回復するという。一方で日本の市場規模については、IDC Japanの２０２０年6月3日の調査では、１７２億円と非常に小さい。

同様に、矢野経済研究所が２０２０年1月7日に発表した「３Ｄプリンタ材料の世界市場に関する調査」によると、３Ｄプリンタの材料の市場だけで、２０１８年に１８１３億円あり、20年は２８４７億円と、年率21・３％も成長している。

このように、製品の製造、修理が個人でできるようになることで、サーキュラー・エコノミーの市場は世界中でさらに成長する可能性があり、日本企業もこの流れに乗る必要がある。

最後に、**トレース&リターン・システム**である。この技術についても、最短かつ低コストで製品の回収、再提供が可能になる。近年では低温輸送などの輸送技術の進歩も早く、グローバルでこれまで輸送が難しかった地域への製品提供、製品回収が可能になりつつある。新型コロナウイルスワクチンについても、低温輸送によって世界中に輸送が可能となっている。

以上のように、アフターコロナにおいてグローバルではサーキュラー・エコノミーのコンセプトが急速に広がりつつある。国内でもサーキュラー・エコノミーに関する書籍が増えてきているので、マーケターの方々も手にとっていただきたい。

3-3 〝安全性〟はアフターコロナのキーワード

消毒液関連の市場が急拡大

前節では、サーキュラー・エコノミーというアフターコロナで注目されるコンセプトについて解説を行ってきた。本節ではもうひとつのキーワードである「**安全性**」について解説をしていこう。

ここで「安全性」をかぎかっこでくくったのにはわけがある。アフターコロナにおいては、この概念に**健康面と個人データという2つの側面があるから**である。

まず、健康面の「安全性」については、ご存じの通り、消毒製品や健康関連の市場が急拡大している。Market Insight Reportsが２０２０年10月16日に発表した「表面消毒剤市場：Covid-19後のロードマップ、２０３０年までの洞察を備えた市場の正確な展望」によると、２０１９年の世界の表面消毒剤の市場規模は34億ドルであったが、20年から26年までにかけて年率6・1％拡大すると予想されている。

また、アメリカの調査会社Ariztonが2020年4月15日にリリースした「世界ハンドサニタイザー市場：世界的な状況と予測2020―2025」では、ハンドサニタイザー（手の消毒剤）の市場は600％以上成長し、110億ドルを超えるとされている。この数字は新型コロナウイルスの爆発的な感染拡大前のデータであるから、市場規模はさらに拡大すると見て間違いない。

実際に、ドイツでは新型コロナウイルスの1日当たりの感染者数が1万人を超えた2020年10月、ドイツ連邦統計庁の調査では、トイレットペーパーの売上げが昨年度に対して89・9％増加し、消毒液は72・5％、せっけんも62・3％の増加と大きく拡大している。フランスでも、消毒液不足が深刻化し、LVMHグループも化粧品工場で消毒液を生産し、フランス当局に無料提供することを決めている。

このように、まず直接的に消毒などの安全性を確保するためのニーズはアフターコロナにおいても一定の割合で拡大していくと考えられる。なぜなら、新型コロナウイルスはインフルエンザウイルスのように進化が早く、たとえワクチンが開発されたとしても、それは一定の型に効くのみで、他の型には効果がないという研究がなされているためである。

表6　Pelotonの売上推移

	2019年12月	2020年３月	2020年６月	2020年９月
収益	4.66億ドル	5.25億ドル	6.07億ドル	7.57億ドル
純利益	△5,540万ドル	△5,560万ドル	8,910万ドル	6,930万ドル

健康増進市場も再拡大へ

他にも、コロナウイルス感染症については、基礎疾患のある人が重症化しやすいという報告があることから、そもそも**健康的な生活を送りたい**というニーズも増加している。

たとえば、在宅でのフィットネスソリューションを持つアメリカのフィットネス企業Peloton（ペロトン）の業績は好調である。売上げは、前年対比で２・７倍、株価も２０２０年の年初から４倍以上にまで拡大し、時価総額は３５７億ドル（約３・８兆円）という驚異的な規模にまで成長している。

Pelotonは、１台４千ドルにもなるワークアウト機器のサブスクリプション販売とその健康器具を活用したフィットネススタジオからのオンラインフィットネスサービスを提供している。フィットネスアプリでは、ワークアウト中に参加者同士でチャットすることもできるので、自宅にいながら、一緒に健康作りが可能である。さらに同社ユーザーの利用頻度は月24・７回、平均的なジムの使用頻度と比べても圧倒的に高い特徴がある。

このようなサービスがコロナ禍で大きな反響を得ており、同社が2020年9月に発表した決算によると、有料会員数は前年対比で倍増して109万人にまで伸張、来期は210万人にまで拡大するとしている。

FutureやMIRRORの在宅フィットネス革命

アメリカでPelotonのように拡大しているのが、オンラインフィットネスサービスを提供するFutureである。月額149ドル（約1万6千円）で、スマートフォンと健康情報をトラッキングできるアップルウォッチの機能を活用してサービスを提供している。

同社のターゲットはPelotonとは異なり、パーソナルトレーナーほどではないが、定期的にインストラクションが欲しい中間層のユーザーをターゲットとしているため、適切なレベルのコーチを育成していくことで、成長につながる可能性が高い。実際に同社は2020年10月18日に2400万ドル（約25億円）を調達し、今後コーチの数を1千人まで増やすとしている。

もうひとつ例を挙げると、MIRRORは、2018年に創業したオンラインフィットネスサービスの企業である。等身大の鏡形のデバイスと、ライブもしくは配信されたフィットネス講座を使って、自宅からエクササイズを利用することができる。なお、同社は2020年6月29日に5億ドル（約530億円）でルルレモン・アスレスティカに買収されている。

日本の調査に目を向けると、「CLOUD GYM」を提供するBuildsが2020年10月12日に公表したデータによると、オンラインフィットネスの利用者は20代以上のフィットネスサービスの利用者のうち28・5％にまで拡大している。ただし、そのうち78・5％は無料動画を視聴している段階であり、市場が未成熟な段階にある。

マーケターとしてアフターコロナにおけるB2Cの新規事業を検討している方は、**オンラインフィットネスも検討対象に入れる**と良いだろう。

国内で食生活の見直しも進む

他にもトレーニングをする以外に、**健康的な食生活をしたい人**も増加している。

サントリー食品インターナショナルが2020年10月23日に公表した「ウェルビーイングトレンドサーベイ2020」によると、コロナ禍で自己防衛意識の高まりが顕著となり、60％以上の人が健康投資を行っている。その内容は、図23のように、「筋トレ・筋肉量アップ」が43・8％、続いて「ダイエット（減量）」が31・6％、「美容・肌のスキンケ

図23　コロナ禍で対策していること

Q. 新型コロナウイルス感染症の流行後、あなたが最も行っていることは何ですか。

（n=2,700）※「あてはまるものはない」を除外

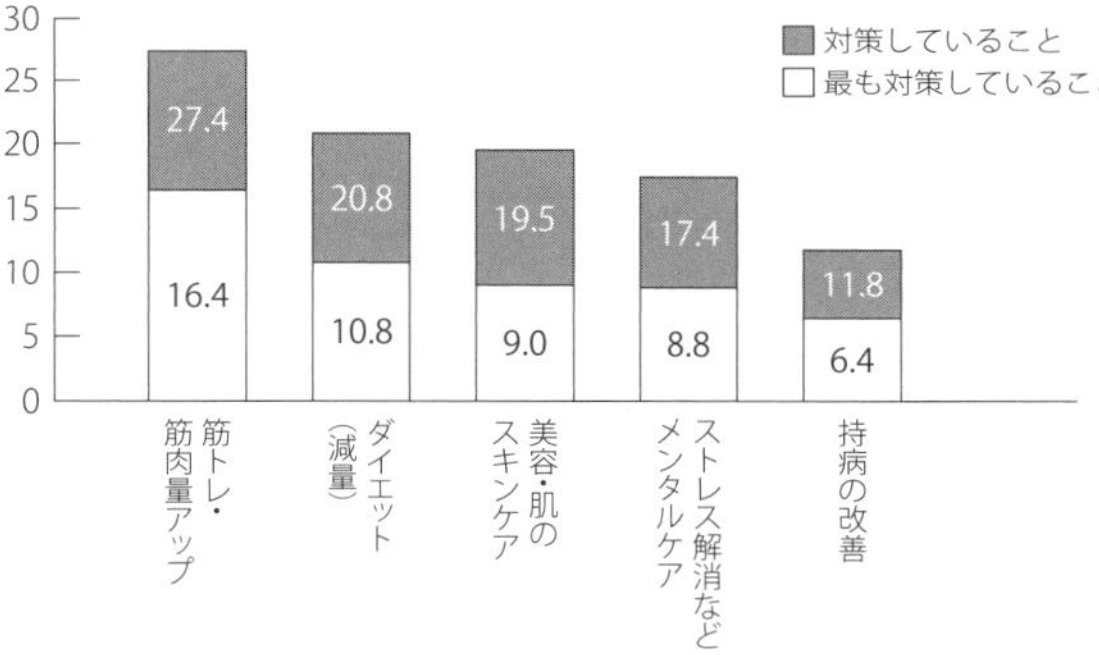

出典：サントリー食品インターナショナル「ウェルビーイング トレンドサーベイ2020」

ア」が28・5%、「ストレス解消などメンタルケア」が26・2%となっている。

食品を提供するメーカーや飲食店にとっては、この健康意識の高まりは、新たな消費ニーズとして、大きなマーケティング機会になると考えられる。

たとえば2020年10月15日放送の『カンブリア宮殿』に登場したスイーツチェーン店のシャトレーゼによると、低糖質商品の売上げが急拡大しているという。同社は、糖質86%カットのピザや糖質86%カットのどら焼きなどを提供しているが、コロナ禍前の5年間であっても4倍の売上げにまで拡大していた。

コロナ禍で厳しい状況が続く中、多くの飲食チェーン店は、唐揚げや焼き肉などの一定のニーズ・売上げがある安定した市場にター

ゲットを合わせているが、シャトレーゼのように、**健康志向の再度の高まりに合わせた市場を創造する商品開発やマーケティング**がアフターコロナにおいては求められるだろう。

個人データは体と同じように重要に

次に、個人データの「安全性」についてである。これに対する背景として、スマートフォンの急速な普及や、クラウド・コンピューティング技術の拡大、そして各種サイバー攻撃の増加などが挙げられる。

２０１８年5月にヨーロッパでＥＵ一般データ保護規則（ＧＤＰＲ）が施行された。これは、ＥＵ加盟国に加えて、ＥＥＡ（欧州経済領域）加盟国３カ国に所在する一般消費者の情報のみならず、従業員、企業担当者などを含むすべての個人データを保護するための枠組みである。

この規則では、個人のデータの収集・利用目的について個人から有効な同意を得ること、個人データの処理・保管を行うに当たり適切な安全措置を行うことを、個人データの情報漏洩に対して、発生後72時間以内に監督機関に報告を義務付けており、違反した場合に、前年度の世界売上げの４％もしくは2千万ユーロ（約25億円）のどちらか高いほうが制裁金として科される。

この制定により、Cookieなど、多くのウェブマーケティングの仕方が見直される必要が出てきており、マーケターのウェブマーケティングの運用を変化させていることは既にご存じの方も多いであろう。

アメリカのファーウェイ制裁もデータ戦争の一種

ＥＵだけではなくアメリカでもデータ保護に関する規制は強化されている。実際に、コロナ前の２０１８年8月から始まったアメリカと中国のデータをめぐる戦いは、20年12月においても収束する兆しはない。

アメリカ政府が中国の大手通信機器メーカーのファーウェイ（華為技術）に対して、20年9月15日をもってアメリカの技術を用いて製造した半導体を供給することを禁止したことにより、台湾のＴＳＭＣ（台湾積体電路製造）、台湾のメディアテック（聯発科技）、アメリカのクアルコム、韓国のサムスン電子など、大手の半導体メーカーはファーウェイに対する半導体の供給をストップしている。

ファーウェイは通信基地局において世界3割超のシェアを誇り、２０２０年4～6月に

図24　スマートフォンのシェア推移

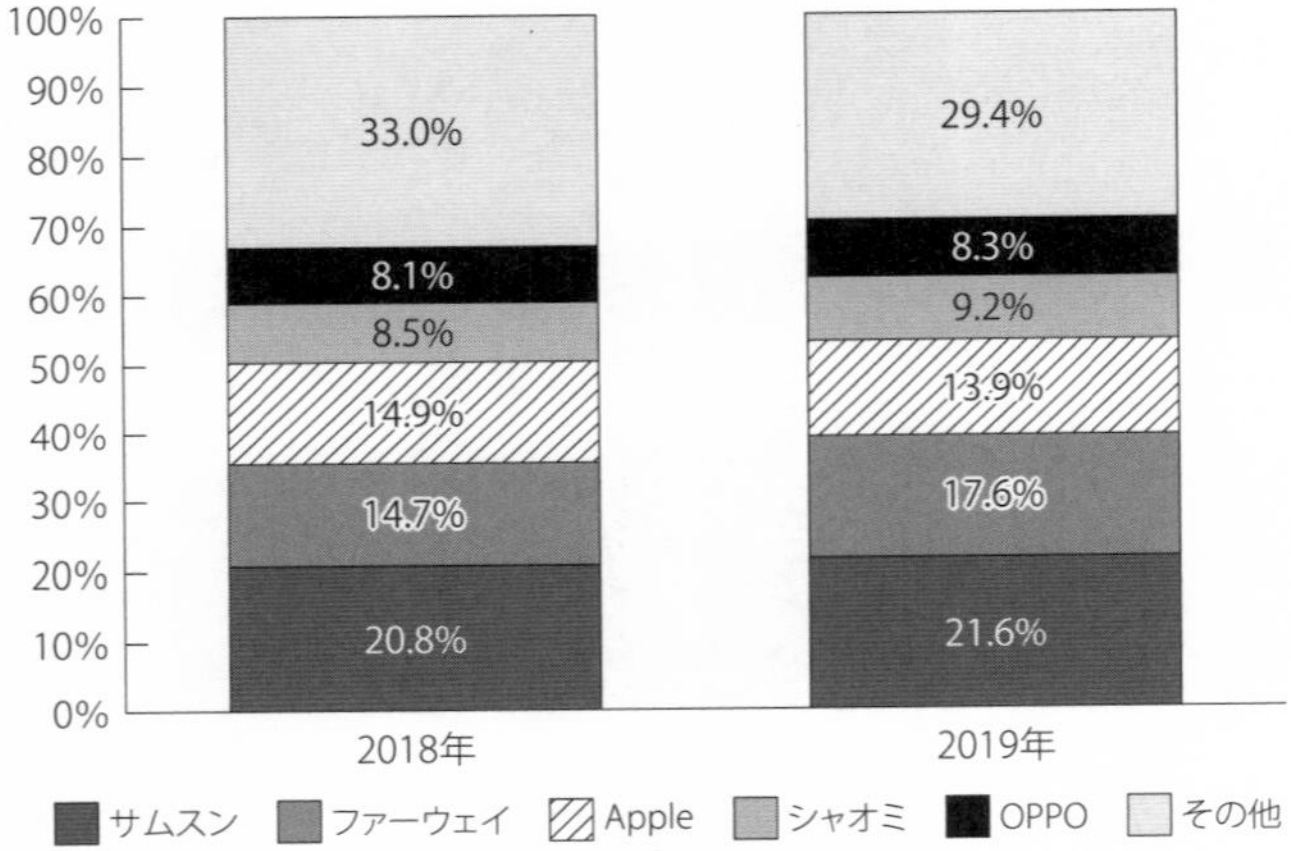

出典　IDC「2019年の世界のスマートフォン（スマホ）出荷台数シェア」

おいてはスマートフォン出荷台数でも世界首位を獲得、5G規格対応の製品もいち早く展開している。最先端のテクノロジー、そしてデータ競争で中国としのぎを削るアメリカは、今後も自国民のデータを保持する企業への圧力をかけ続けるであろう。実際にトランプ大統領（当時）は中国の動画プラットフォーム大手のティックトックに対して、アメリカ国民の個人データを侵害すると主張して、同社のアメリカ事業を売却するように命じている。

このように、個人データに対する各国の規制や制裁などが増加しているが、日本においてもデジタル庁の設置や公文書での印鑑の一部廃止などによって、公共団体も個人もこれまで以上に個人データを保持するようになる。さらにはオンライン診療などの新しい規制緩和が検討されている。そうなると、個人データ保護の法律が新たに登場することで、各種のマーケティング手法の再考が必要になる可能性が高いだろう。

アップルは一足先にデータ安全企業を標榜

さらには、消費者のデータ保護に関する感覚もこれまで以上に増している。

その象徴は、アップルが２０２０年9月から公開した個人データ保護に着目したiPhoneの広告をスタートしたことにある。まだご覧になっていない方は20年12月現在、ユーチューブのアップル・ジャパンの公式チャンネルに公開されているので、ぜひ見ていただきたい。

実はアップルが個人データ保護を重視している広告をアメリカでスタートし始めたのは18年にさかのぼると、立教大学ビジネススクールの田中道昭教授が著した『ＧＡＦＡ×ＢＡＴＨ』（日本経済新聞出版）に記載されている。

アップルは20年9月に公表した血中酸素濃度を測定することが可能なApple Watch Series 6に代表されるように、メディカルビジネスのプラットフォーマーとして進化している。

そして、メディカルプラットフォームとなる場合にはまさに個人データの保護が重要になり、フェイスブックやグーグルに先んじて個人データの重要性について広告を行っているのである。実際、アップルの心電図アプリはアメリカのＦＤＡの医療機器認可を２０１８年に取得している。医療用ではないためアップルウォッチの血中酸素濃度測定機能についてはＦＤＡの承認を得てはいないものの、同社はスタンフォード大学と共同で血中酸素濃度を活用して新型コロナウイルス感染症の早期発見に関する研究をスタートしており、今後の研究次第では、さらにアップルが個人データ保護を重視したプラットフォームになると考えられる。

以上のような**グローバルな個人データの「安全性」に関する流れは、確実に日本にも波及してくる。**マーケターとしては、デジタル庁の創設とそれに関連する規制緩和、そしてデータ保護の新しい流れに注意しながらマーケティング手法の情報収集を常に行うこと、そしてデータ活用とデータ保護に関する消費者の意識がどのように変化するのかを注視する必要がある。

3-4 SDGsとマーケティング戦略

SDGsはマーケティング戦略の根幹と密接に関連する

本章の最後ではアフターコロナで大きく注目されている、**SDGsとマーケティング戦略との関係性に**ついて簡単に解説を行っておきたい。SDGsとマーケティングというと、PRやブランディングと思われがちであるが、そうではない。SDGsは、市場開拓やターゲティングなど**マーケティング戦略の根幹と密接に関連する。**

ご存じの方も多いと思うが、SDGsとは国連が2015年9月に定めた「Sustainable Development Goals（持続可能な開発目標）」のことである。SDGsについて解説をすると、多くの企業の方は「17のゴールがある」ことは知っているものの、なぜそのようなゴールがあるのか、そしてそれはどのように理解すればいいのか、という点をわかっていないケースが多い。そこで、SDGsの前段のところから簡単に解説を行っていきたい。

ＳＤＧｓが本来目標としているものは何か？

そもそもＳＤＧｓが何を目指しているのかについては、国連で採択された「我々の世界を変革する：持続可能な開発のための２０３０アジェンダ」の前文に記載がある。実はこの本文を読んだことがない方が多いのだが、35ページ程度と短く、外務省による和訳もあるので、ぜひ一度目を通していただきたい。

前文によると、ＳＤＧｓの目的は、「極端な貧困を含む、あらゆる形態と側面の貧困を撲滅すること」であり、「人類を貧困の恐怖及び欠乏の専制から解き放ち、地球を癒やし安全にすること」とされている。そして、「誰一人取り残さない」という強い信念が記されている。

そして図25のように、前文の考え方から、「Well Being」、世界をより良い状態にするという大きな目標が決まり、そしてそのWell Beingを実現するために、17のゴールと１６９のターゲットが示されているのがＳＤＧｓの全体構造である。これをまず理解してほしい。

図25　SDGsの全体構造

SDGsは三重構造

次にＳＤＧｓに関する誤解で多いのが、「資源保護のプログラムが多いから我が社には関係ない」という考えである。確かにＳＤＧｓのゴールが平坦に17個並べられているとそのように思われるかもしれない。この点について、ストックホルム・レジリエンス・センターのヨハン・ロックストローム氏は、ＳＤＧｓの17のゴールをウェディングケーキに見立てて説明をしている。図26を見るとわかるように、ＳＤＧｓのゴールについては3つの階層がある。

1つ目は、多くの方が認識している、**自然資本の階層**についてである。ロックストローム氏はこれをグリーンレジリエンスと呼び、ＳＤＧｓのゴールの中でも、「生物圏の保護」や「気候変動」などのゴールが4つ記載されている。一方で17のゴールの中でこの自然資本に当たるものは4つしかなく、他のゴールより高次の次元にある。

図26　SDGs「ウェディングケーキ」

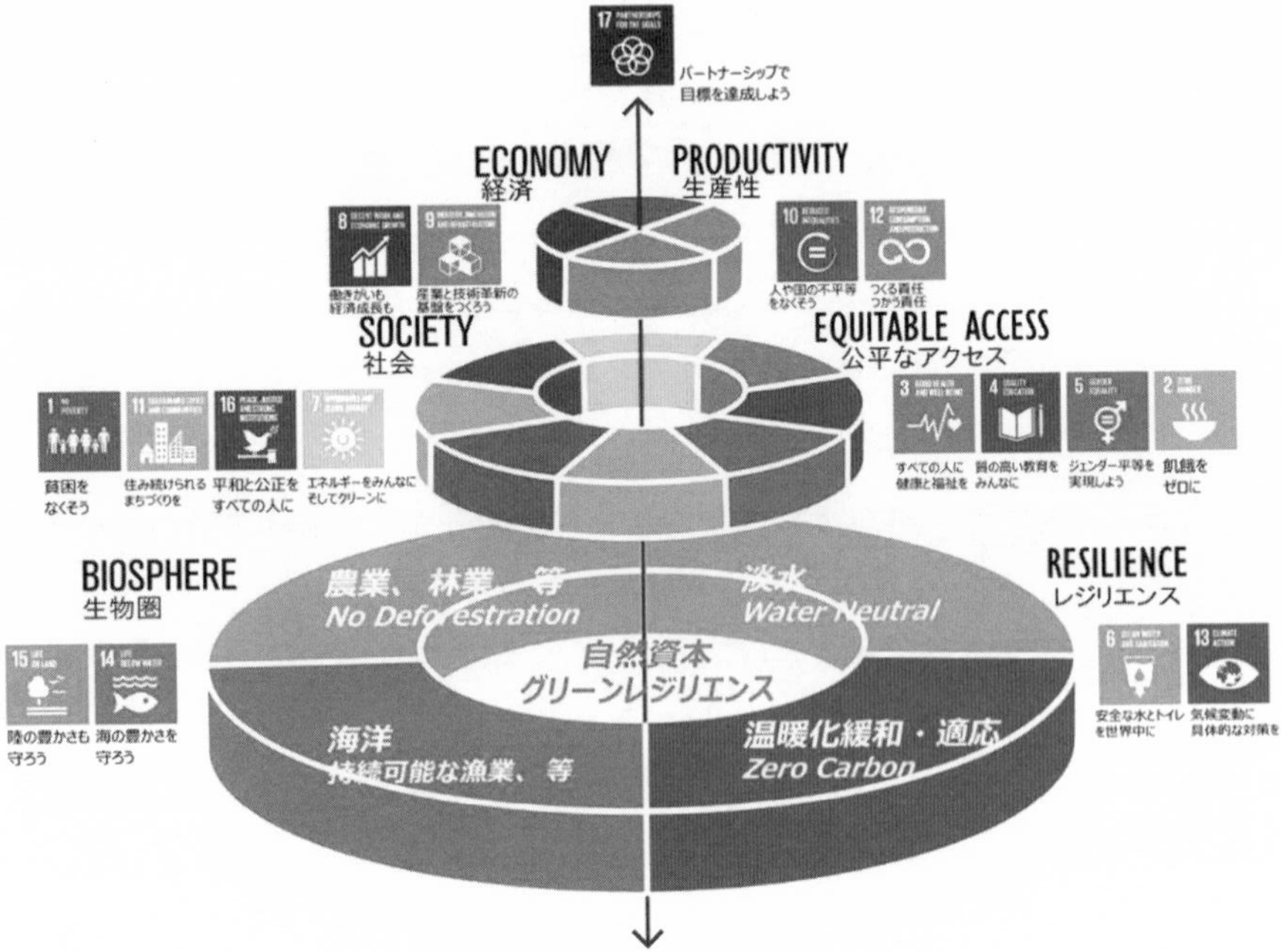

出典：ストックホルム大学ストックホルム・レジリエンスセンター
URL：https://www.stockholmresilience.org/research/research-news/2016-06-14-how-food-connects-all-the-sdgs.html

社会資本・経済資本の維持・発展がゴール

2つ目は、社会や公平なアクセスという**社会的資本の階層**である。社会的資本の階層は、「まちづくり」や「平和と公正」、エネルギーなどの社会に関する分類と、「健康」や「ジェンダー」、「飢餓をゼロに」などの公平なアクセスという分類に分けられる。多くの方の予想とは異なり、この社会資本に分類されるゴールが多い。

なぜなら、このゴールで求められていることが達成されることで、〝Well Being〟がより良い状態になっていくからである。

3つ目は、経済や生産性に関する、**経済資本の階層**である。経済資本の階層には、「働きがいと経済成長」、「産業と技術革新」、「つくる責任・つかう責任」など、企業の経済活動に関するゴールが分類される。

多くの企業はこの経済資本に関連する階層のゴールが少ないため、ＳＤＧｓはモノ作りなどを行っているメーカーが行えば良いと思っている人が多く、マーケターも同様の認識を持つ人が多い。大手広告代理店社内でも、一部の企業を除いてＳＤＧｓはそこまでターゲットにはなっていない。

ＳＤＧｓを新規ビジネスとマーケティングの柱とする

しかし、ＳＤＧｓはただのＣＳＲ戦略ではない。実はＳＤＧｓの指標には事業拡大のタネが多数ある。その際、経営者やマーケターにとっては、コンサルティング会社のデロイトトーマツコンサルティングが公開した「ＳＤＧｓビジネスの市場規模」というレポートが製品開発やマーケティング戦略策定において参考になる。

図27を見ると、ゴールごとにどのくらいの新しいビジネスのタネがあり、その市場規模がどの程度かが記載されている。たとえば、目標１の「貧困をなくそう」では、マイクロファイナンス、職業訓練、災害保険、防災関連製品などのビジネスが新たに生まれる余地があり、その市場規模は１８３兆円にものぼるとされている。他にも、目標10の「人や国の不平等をなくそう」では、宅配や輸送サービス、通信教育、送金サービス、ハラルフードなど、企業でも実践しやすいサービスが挙げられている。これらのデータを集計し、目標１～17までの市場規模を合計すると、約３６５０兆円もの巨大市場となる。したがって、まずはどの目標の市場をターゲットとするのかを決定してほしい。

次に、図28を見ていただきたい。まず左側に、ＳＤＧｓのターゲットの中から抽出した自社が注目するキーワードを選定する。次に、それらのキーワードを使ってどのようなビ

図27　SDGsビジネスの市場規模

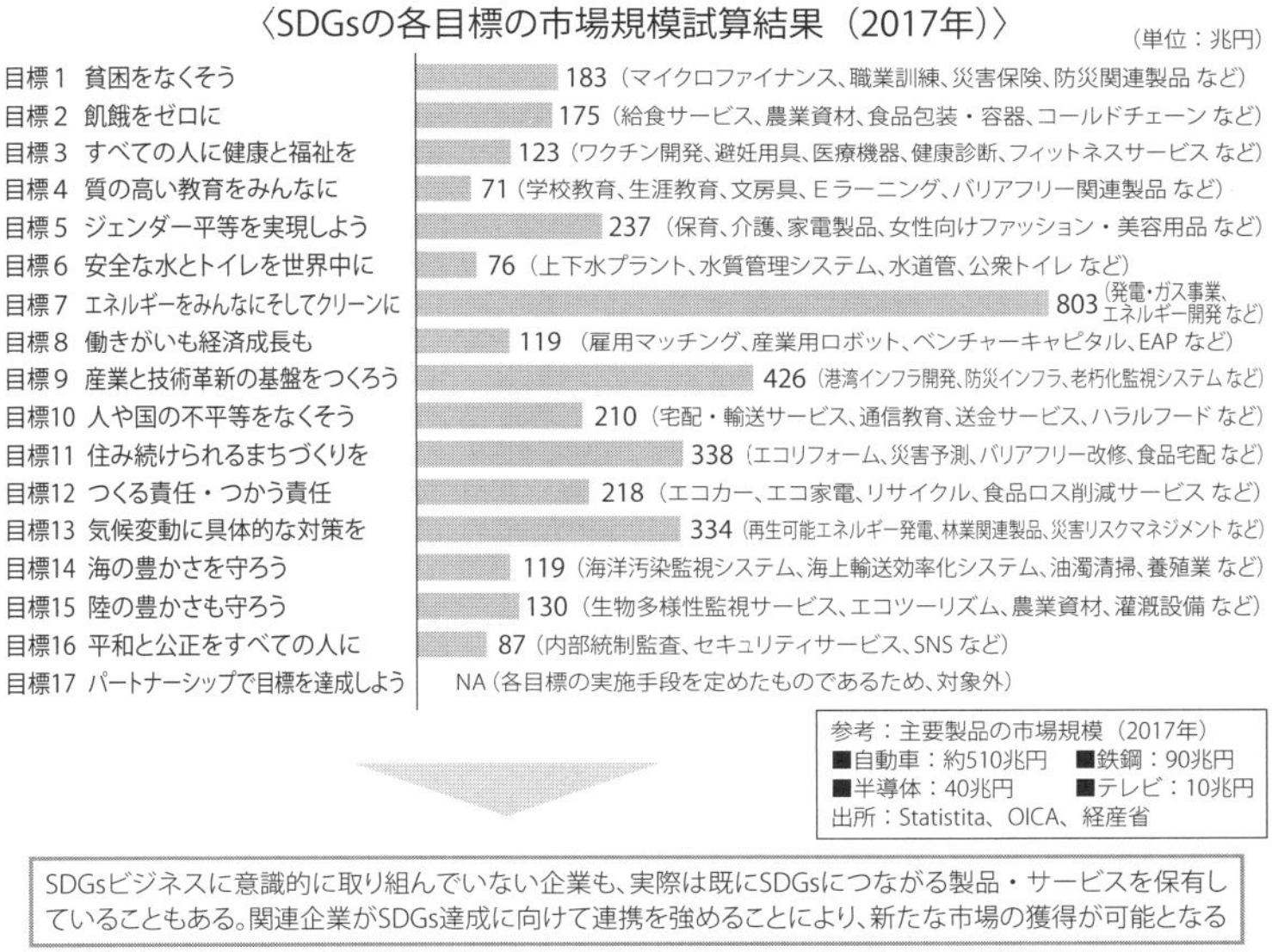

出典：デロイトトーマツコンサルティング「『SDGsビジネス』の市場規模」
URL：https://www2.deloitte.com/jp/ja/pages/about-deloitte/articles/dtc/sdgs-market-size.html

ジネスが可能なのかを右側で考察するフレームワークである。図28では災害や金融サービスなどのキーワードが挙げられているが、これは自社のビジネスにおいて重要と思われるものを選定すれば良い。

右側では、製品、サービス、プラットフォームという大きな商品特性と、B2CかB2Bかという軸であり得るビジネスのタネを考えていく。

そして、それぞれのビジネスのタネをもとに、製品軸、サービス軸、プラットフォーム軸でB2B、B2Cのサー

図28　SDGsのゴールとビジネスモデル設計

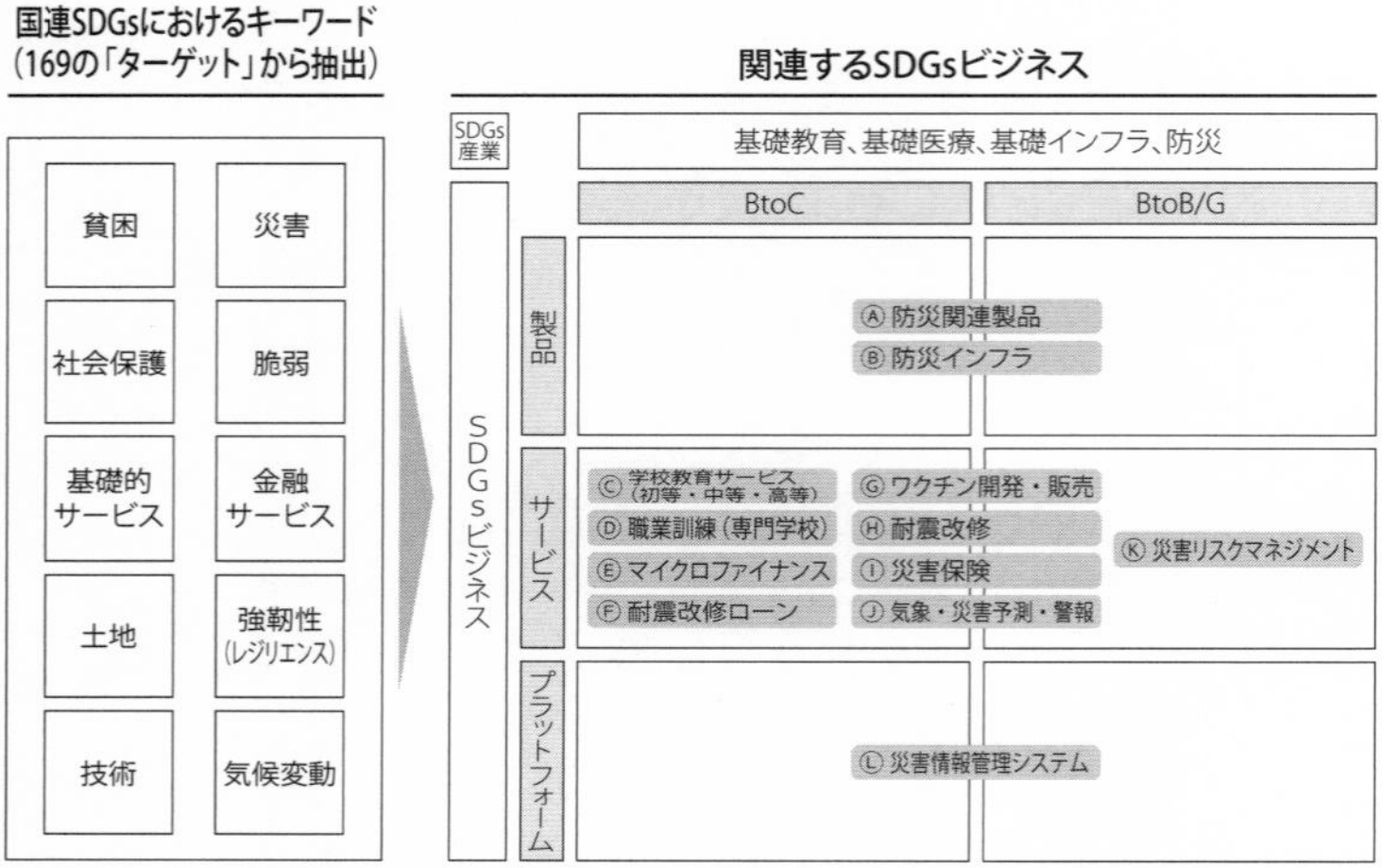

出典：デロイトトーマツコンサルティング「『SDGsビジネス』の市場規模」
URL：https://www2.deloitte.com/jp/ja/pages/about-deloitte/articles/dtc/sdgs-market-size.html

ビスアイデアを立案すれば、SDGsを自社ビジネス、そしてマーケティングにつなげることができる。

以上のように、SDGsはマーケターにとってCSRやIRのためのネタではなく、**新しいビジネス機会を発見し、新しく生まれる顧客ターゲットに対して、どのような商品・サービスを開発して提供するのか、というマーケティング戦略上重要なコンセプトである。**

SDGsの市場規模をもとに、どのようなビジネスを考えられるのか、そしてそれをどのようにサービスにつなげ販売していくのかをマーケターとして推進していただきたい。

第4章

〝先が見えない〟中での仮説検証

4-1 不確実な世界での顧客セグメンテーション

未知の課題が多数出現する

前章の最後にＳＤＧｓを軸とした新しいビジネス機会の発見、そして顧客ターゲットの発見方法について解説を行った。本節ではそこからもう一段踏み込んで、**不確実な世界でどのような顧客セグメンテーションが求められるのか**について解説していこう。

まず重要な前提として、本書は「アフターコロナ」をキーワードとしているが、**アフターコロナの世界において、新型コロナウイルス感染症の問題は大きな変化の兆しのひとつにすぎない**ことである。

第3章でもいくつか紹介したが、世界では人権問題や戦争問題、米中の対立、飢餓の問題、環境問題といった多くの複雑な問題を抱えている。むしろ複雑な問題以外は解決済みといっても過言ではない。新型コロナウイルス感染症の問題も、医療体制や健康に対する文化・風土に課題のある国で被害が拡大しており、これまでのところ、日本においては諸外国と比較すると大きな人的影響を受けていない。

しかし、日本は大規模災害のリスクを抱えた国である。そしてアフターコロナの世界、すなわち2030年頃までの7~8年間で、世界ではこれまで目にしたこともないような未知の課題が多数出現し、そのショックの大きさはこれまで以上に拡大していく。

VUCAとは何か？

このような変化の速い世界を表した言葉として、「VUCA（ブーカ）」がある。VUCAとはもともと冷戦終結後の複雑な世界情勢をもとにアメリカ軍で利用されていた言葉で、Volatility（変動性）、Uncertainty（不確実性）、Complexity（複雑性）、Ambiguity（曖昧性）の頭文字を指す。

Volatility（変動性）とは、ITやAI技術の進化などにより市場ニーズの変化が速くなってきていることを指す。特にスマートフォンは2019年には85％もの人たちに普及し、私たちの生活を一変させた。冷蔵庫がこの普及率に到達するまでに12年かかっているのに対し、スマートフォンはわずか7年間で到達していることからも、その速さが理解できる

図29　VUCAの要素

Volatility（変動性）	・市場ニーズの変化の速さが増加 ・ITやAI技術の進歩による新しい職業の誕生
Uncertainty（不確実性）	・突発的な自然災害やテロ、疫病の流行など ・世界がつながり、変化が同時多発的
Complexity（複雑性）	・新しいビジネスやルールの絶え間ない誕生 ・業界の垣根の変化
Ambituity（曖昧性）	・価値観の多様化とSNSの普及 ・成功事例が足かせとなる

だろう。

次にUncertainty（不確実性）とは、新型コロナウイルス感染症のように、突発的な自然災害やテロ、疫病の流行など、先が見通せない変化を指す。この不確実性は、さらに世界がつながることでより強くなるサイクルがある。つまり、世界がつながることで、予想ができないエリアから予想外の変化が起き、それが全世界に広がるのである。それをまさに表したのが、新型コロナウイルス感染症になろう。

リーマン・ショックも世界のつながりの中で生じたことであるが、あくまで金融システムの話であった。一方で新型コロナウイルス感染症は、世界がつながることで実際の社会活動に大きな影響が起きることを世界に示した。

アフターコロナは複雑で曖昧な社会へ

３つ目のComplexity（複雑性）とは、新しいビジネスやルールが絶え間なく登場することで、ビジネス環境がより複雑になることを指す。第3章で紹介したＧＤＰＲやアメリカのデータ保護などは、ＧＡＦＡやファーウェイ、ByteDanceなどの急成長する巨大ＩＴを制限するために設けられたものである。

さらにアメリカ司法省は、巨大ＩＴ企業であるグーグルやフェイスブックを独占禁止法違反で提訴しているが、万が一、かつてマイクロソフトが独占禁止法違反の提訴を受けたように、グーグルやフェイスブックの事業が縮小したとしても、人が便利さを求めることは止まらないのだから、また新たなプラットフォームが登場するイタチごっこにすぎない。

他にも規制緩和などのルール変更は、業界の垣根を取り払い、市場への参入障壁を下げることで複雑化する。日本でも電力自由化や、菅首相が押し進める携帯電話料金の値下げなどがあるが、このようなルール変更は新たな競争を起こすことで、市場への参入障壁を下げることにつながる。

最後にAmbiguity（曖昧性）とは、個人の価値観の多様化によって、これまでのように明確に先が見通せない状況を指す。ＳＮＳの普及により、マスメディアによる画一的な情報提供だけでなく、個人が主体的に情報収集を行うようになったことで、顧客の価値観が多様化し、ニーズの変化も速くなった。そして顧客の価値観が多様化することで、これまでの成功法則が長くは続かず、むしろ足かせになる。

これまで多くのコンサルティングファームが世界的な成功事例を「ベストプラクティス」として普及させてきたが、このようなベストプラクティスを模倣することで、逆に企業の変化が遅れる「ベストプラクティスの罠」が起き得る。

不確実な世界での意思決定、OODAループ

このような曖昧で変化が速く複雑なVUCA時代において、企業の重要な意思決定を行う際に役に立つのが「**OODA（ウーダ）ループ**」の考え方である。これは、アメリカの軍事戦略の専門家であるジョン・ボイド氏が提唱する意思決定のサイクルである。OODAとは、Observe（観察）、Orient（適応）、Decide（意思決定）、Act（実行テスト）の頭文字を指し、環境を見極めながらより臨機応変に学習を行って企業の意思決定を行う際に活用するべきサイクルである。

OODAループの概念は戦争用語がベースになっているので、適宜企業の意思決定に変

図30 OODAループにおける意思決定プロセス

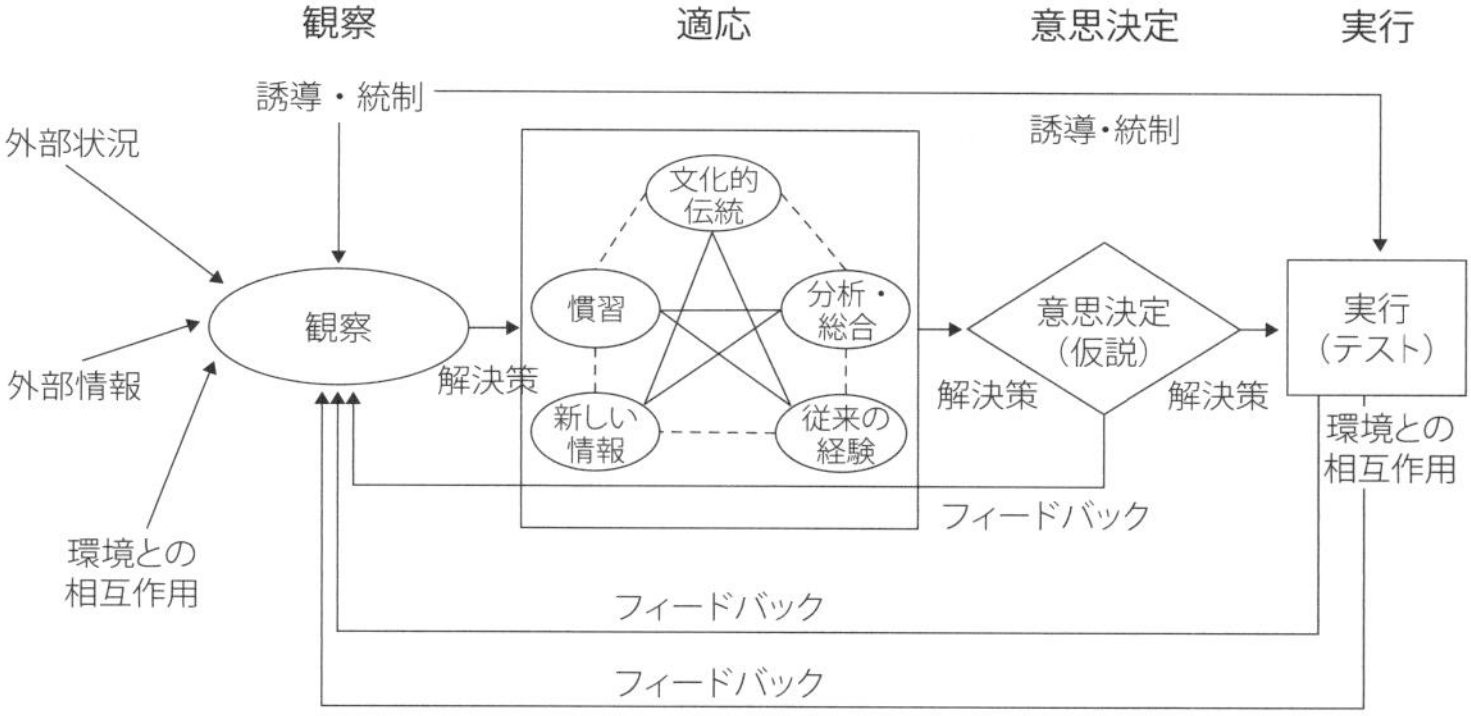

出典：ジョン・ボイド『A Discourse on Winning and Losing』を筆者翻訳

換して解説を行うことにする。図30を見ていただきたい。

まずObserve（観察）から意思決定のプロセスがスタートする。その際には外部の環境がどのようになっているのかといった外部状況や顧客の動向、政治が安定しているか否かや景気が良いか悪いか、雇用情勢が良いか悪いかといったマクロ経済などの外部情報がまず必要となる。

そして自社が一定の意思決定を行うことで外部環境にどのような相互作用が起きるか、たとえば自社が新商品を出すと、競合が類似商品を出しやすいのか否かや、価格競争になりやすいのかといったインプット情報が必要である。

また、顧客が外出を控えることで以前よりお金を使う先が減っているという外部状況や、顧客がより健康志向になったのに対応して、自社が健康商品を投入することで、顧客獲得につながるだけでなく、競合も参入することで、より市場が活性化していく。

他にも、企業はどのように活動すべきかという誘導やルールによる規制などがある。政府の規制や規制緩和がこれに当たるであろう。これらを踏まえて、企業は自社がどのようにしなければならないのか、観察を行うのである。

環境への適応は先例との戦い

この観察を経て企業が行うのが、Orient（適応）である。

ここでは、業界慣習や国の文化的な伝統、従来の企業としての経験に新しい情報を加え分析・総合することで、企業がどのように環境に適応しなければならないのか、という方向性が決定される。

ここで伝統やルールを打ち破るために、積極的に新しい情報を加えて分析することと、それらを総合して、結論としてどうしなければならないのかを考える必要がある。これは非常に難しい問題であるが、経営者、ＣＭＯなどが最も力を注ぐ必要のあるマーケティングの要素となり得る。

そして一度方向性が決定されると、具体的な仮説となるDecide（意思決定）を行う。戦争においては、攻撃するかしないか、攻撃するとしてどこから攻撃するかといった攻撃順序、そしてどのように攻撃するのかといった攻撃手段を決定するが、企業においては、ある問題を解決するために、施策を実行するかしないか、実行するとしてどの施策からどのような順で、どのように実行するかというアクション施策を立案することになる。

そして、最終的にAct（実行）がされる。ここで重要なのはあくまでテストとしての実行であり、この実行で得た情報や実行によって起きた外部環境での変化をフィードバックし、新たな観察段階に入る、というループを絶え間なく行うことが必要となる。

顧客セグメンテーションも常に変化を

このOODAループを応用して、アフターコロナ時代の顧客セグメンテーションを考える方法は、図31のようになる。

まず多くの企業で、アフターコロナにおける事業拡大を行うためには、これまでにない外部環境の変化に目を向けるであろう。外部環境が変化することで、新たな市場開拓の余地が生まれるからである。

図31　アフターコロナの顧客セグメンテーション方法

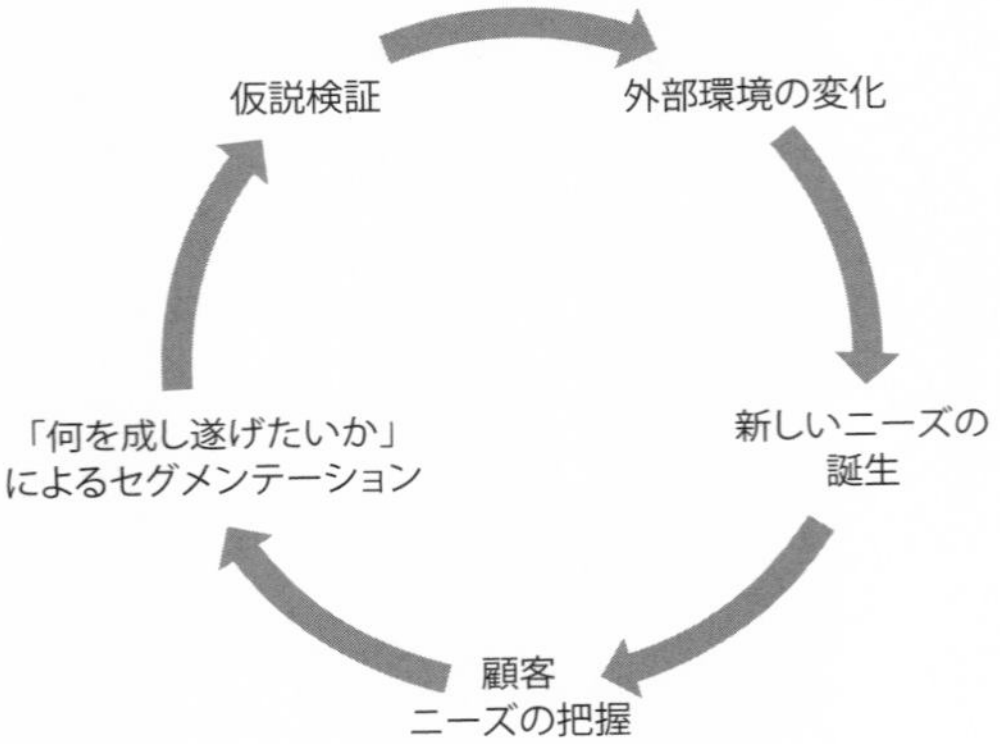

そして再三述べてきたように、外部環境の変化によって新しいニーズが誕生する。そのため、OODAループが示す手段に従って、顧客ニーズを把握するために外部観察を絶え間なく行う必要がある。

顧客ニーズを把握したら、いくつかの顧客の課題を抽象化し、「顧客は何を成し遂げたいのか」を把握する。

最期に、それを踏まえたマーケティング活動を行って仮説検証をしていく。

クリステンセンのジョブ理論

この「顧客は何を成し遂げたいのか」という考え方は、クレイトン・クリステンセンらによる『ジョブ理論』（ハーパーコリンズ・ジャパン）で紹介されているものである。クリステンセンらは、顧客はそれぞれ解決したい「ジョブ（課題）」を抱えており、それを解決するために商品・サービスを購入しているという。たとえば、朝アメリカ人がミルクセーキをロードサイドで購入するのは、それを飲みたいからではなく、出勤までの自動車通勤の中で簡単に飲め、かつ昼食までのおなかを満たすという顧客の課題を解決するものがミルクセーキだから飲まれているのだ、という事例で顧客の「ジョブ」を説明している。

このように、顧客が何を成し遂げたいのか、顧客の「ジョブ」を検討する際には、**自社の強みも同様に抽象化することで、その新しいニーズに対してどのように自社の強みを横展開することができるのか、という解決策にたどり着くことができる。**

そして顧客セグメンテーションを確定的に取り扱うことなく仮説検証を行うことで、新しい顧客層の獲得を行うのである。

このような顧客セグメンテーションを行うことで、従来多くの企業が行っているデモグラフィック（社会属性）によるセグメンテーションやライフスタイルによるセグメンテーションという大雑把なセグメンテーションではなく、より変化に対応した、小さいセグメンテーションを行うことができる。

4-2 次世代の仮説検証「10：100：1000」

アリババが用いている手法「10：100：1000」

前節では、アフターコロナにおける顧客セグメンテーションを検討したが、本節では顧客セグメンテーションを深く理解するための情報収集手段である「10：100：1000」についてて紹介する。この手法は、アリババが新サービスを開発する際にユーザーのニーズと顧客セグメンテーション、ターゲティングを行うために用いている手法である。

具体的なやり方は、毎週10人の特定のユーザーに対して、「現在、抱えている課題は何か」というアンケートを送り、潜在的な課題をヒアリングする。次に、１００人のウェイボー（中国版ツイッター）の投稿をくまなく確認し、匿名のユーザーの意見から、顧客が何を感じ、考えているのかを確認する。そして、先ほどの特定された10人の顧客と不特定の１００人の意見から、共通する課題を見つけ出していく。

ここで重要なのは、前述のように、**大量の統計データで顧客セグメンテーションや顧客ターゲティングを行わないこと**である。むしろアリババのように詳しくその動向が理解できる深い10人、100人のデータをくまなく分析するほうが、より変化の兆しを見つけることができる。

「n＝1」でターゲティングを行うメリット

筆者は普段、「n＝1」、つまり**特定のユーザー1名を徹底的にリサーチすること**の重要性を説いているが、それは統計的に処理された不特定多数のデータよりも、顔が見える1名の顧客を知り尽くすほうが、実は新しいマーケティング戦略を考えることに寄与するからである。

ちなみに、「Soup Stock Tokyo」などの大ヒットブランドを展開するスマイルズは、このn＝1の考え方によるマーケティングを重視している。独創的な事業展開を行い、ファンの多いスマイルズであるが、2018年10月16日の『CNET』上のインタビューで、取締役の野崎亙氏が、一般的なマーケティングリサーチではなく、自身や家族、大切な友人・知人の需要を把握した上で「n＝1」を理解すると、実はその先に多数のユーザーがいると答えている。

他にもこのような1名1名のユーザーの声をもとに開発されたのが、パナソニックの大ヒットノートパソコンであるレッツノートである。レッツノートはヘビーユーザーの会社員を対象に、堅牢な機能性を軸に販売する高価格帯のノートパソコンである。

2002年の発売以降、レッツノートでは顧客の声を聞きながら製品改良を行っている。「かばんの中でレッツノートの液晶が割れてしまった」という声を聞けば、実際に満員電車に持ち込んで検証したり、「くさび型のフォルムはかばんに入れにくい」という声を聞き、車のボンネットのような構造に変更したりしている。

パナソニックは、これをマーケティングやお客様相談室などの特定の部門だけでなく、工場や品質管理の部署でもユーザーと触れ合わせることで、彼らに愛される製品開発に成功したのである。

アリババではAIを活用して自宅周辺の専用ロッカーまで荷物を配送し、それを個人が取りに行くサービスを2020年2月にスタートしているが、これは新型コロナウイルス感染症が拡大する中で、配達員から荷物を受け取りたくないというユーザーの声をもとに、提供を始めたものである。現在ではこのサービスを拡大し、アリババのEC商品を店舗、自宅、そして配送ロッカーの3カ所で受け取ることができるようにしている。この3つの配送手法は、アリババにとって年率40％増加する荷物の配送という課題の解決にもなっている。

アリババを参考にした新製品パソコンとは？

ここからは、課題解決の手法のモデルケースとして、学生に向けて新しいノートパソコンを開発することについて考えてみたい。

新型コロナウイルス感染症の拡大の中で、大学に入学したものの通学することができず、自宅でのオンライン授業を余儀なくされている大学生が多くいる。しかし、パソコンを持っていない学生も多くおり、彼らは仕方なくスマートフォンで授業を受けている。資格試験の予備校関係者に話を聞いてみると、最近の大学生は、普段使わないパソコンを高い値段を出してまで買う必要はないと考えており、スマートフォンで十分という意見が多いという。驚くことに、スマートフォンのフリック入力でレポートを作る学生までいるという（10の視点）。しかしながら、スマートフォンは画面が小さいだけでなく、1つのタスクを行いながらメモをとることが難しいため、授業での活用には不向きである、という意見が多数ある（100の視点）。

それにもかかわらず、なぜ学生たちがスマートフォンを持っているかと考えると、スマートフォンは分割払いで購入できるので、初期費用が少なくて済むからである。

このことから、ノートパソコンの開発の方向性としては、初期費用が少なくて済み、スマートフォンのように分割払いができること、そして複雑な機能は必要なく、メモやZOOMなどの最低限の機能が使えれば十分ということになる。

このことから思い浮かぶのが、月千円、24回払いで購入できるパソコンである。大学ではタダコピという広告の裏に無料で印刷できるサービスがあるが、これを真似て、学生が普段利用するパソコン上に広告を出したい企業を募り、パソコン内に広告を配置して企業から広告費をもらうことで、パソコン本体の価格を大きく下げることができる。

また、当然ながらパソコンは家電量販店で販売することもできるが、家電量販店の販売には大規模な在庫が必要になり、検証には向いていない。そこで都市部の、特に国公立大学の大学生協やインスタグラムなどにチャネルを限定し、都心部の大学生が利用するチャネルにピンポイントに絞ることで、小さな検証を行えるだろう（1000の視点）。

以上、アリババのように、10：100：1000という仮説検証サイクルを回すことで、顧客セグメンテーション、そしてターゲティングを高速に行うことができるのである。

顧客との協創マーケティングはアフターコロナで重要に

このアリババの方法とは異なり、顧客の理解を得ようとするだけでなく、**一部の顧客と協創して新しい製品開発を行う方法**もある。

このやり方で作られたのが、ネスレの「ネスカフェアンバサダー」である。これは、ユーザーに無料でコーヒーマシンを提供し、ネスカフェのコーヒーカートリッジで収益を上げるビジネスモデルになっている。実際にユーザーに使ってもらうことで、どのようなコーヒーマシンであれば家やオフィスに置いてもらえるのか、どのようなコーヒーがよく飲まれるのかといった声を獲得し、ユーザーと一緒にネスカフェのプランやコーヒーカートリッジを開発していくことができる。

他にもP&Gのファブリーズもユーザーとの協創によって生まれた製品である。ファブリーズの普及は、ソファやスーツなど「洗えない布地のニオイ取り」という新しい習慣を生み出したが、1998年に日本市場に投入された際は、ほとんど売れないと思われていたと、マーケティング戦略の第一人者で流通科学大学の石井淳蔵教授はいう。なぜならアメリカ人は靴を履いたまま生活するが、日本人はそうではないからである。また、家の中で大きな犬を飼っているアメリカ人に対して、日本人の間ではそのような生活スタイルが根付いていなかった。一方で多くの日本人は室内芳香剤を使用していたことから、部屋のニオイの原因は布のニオイであることを特定し、それを広告したのである。

このような協創マーケティングは、ネスレやP&Gのようにマーケティングが得意な外資系企業の成功事例がほとんどである。したがって、そうした外資系企業の成功事例を研究することは、アフターコロナにおける日本企業の指針となるであろう。

4-3 中小企業のマーケティング予算捻出法

撤退と間接費のコストダウンでマーケティング費の捻出を

ここまで変化の激しい時代における顧客ターゲティングやセグメンテーション方法について見てきたが、ここで少し話を中小企業に特化させたい。

なぜなら、中小企業では資金力に限りがあり、十分なマーケティング予算を確保することができないため、全方位的なマーケティングを行うことは難しいからである。

したがって、中小企業がアフターコロナでマーケティング予算を検討するためにまず行うべきことは、**コストの見直し**である。マーケティングの話をしながらコストの見直しというと話がズレていると思われるかもしれないが、コストの見直しは非常に重要である。企業がコストの見直しを行う上で持つべき視点としては、1点目に**低収益クライアントからの撤退**、2点目に**社内間接費のコストダウン**である。それぞれについて詳しく見ていこう。

図32　コストダウン施策の２つの方向性

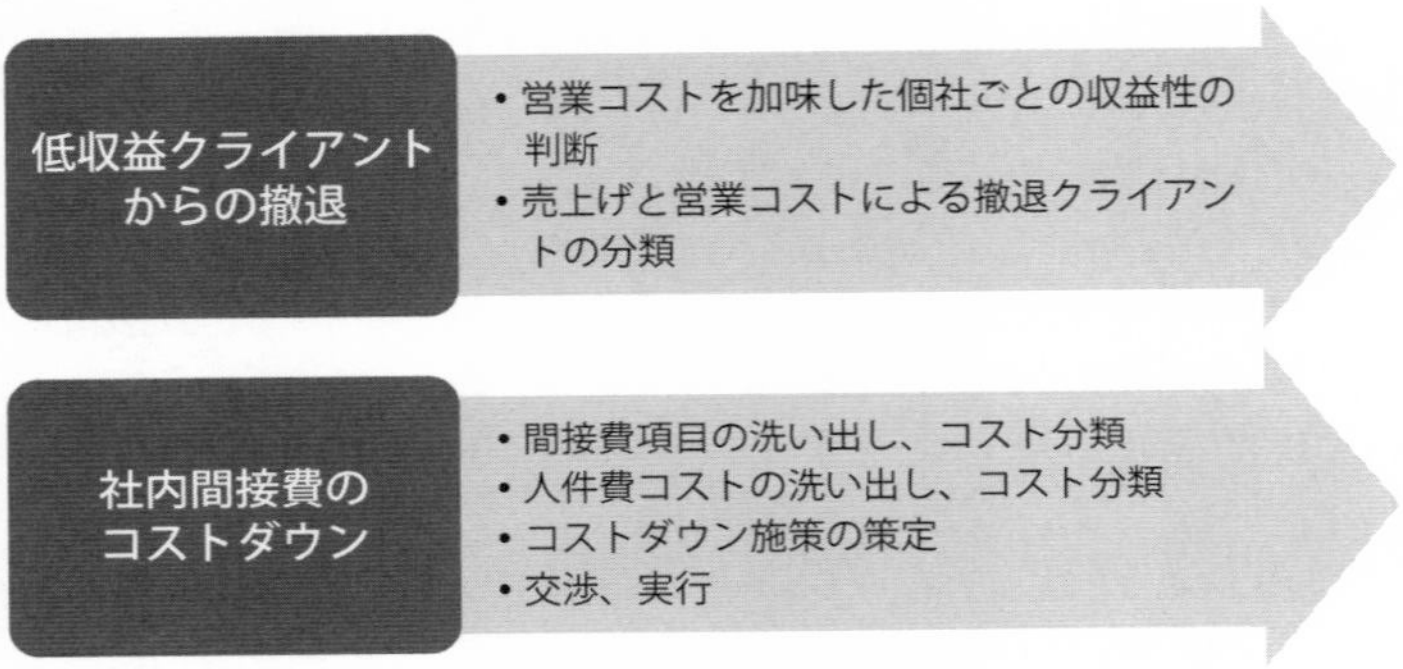

低収益クライアントからの撤退
・営業コストを加味した個社ごとの収益性の判断
・売上げと営業コストによる撤退クライアントの分類
社内間接費のコストダウン
・間接費項目の洗い出し、コスト分類
・人件費コストの洗い出し、コスト分類
・コストダウン施策の策定
・交渉、実行

撤退クライアントをどう見極めるか？

１点目の低収益クライアントからの撤退についてだが、まず行うべきなのは営業コストを加味した顧客ごとの真の収益性の把握である。中小企業の経営者と話をすると、顧客の粗利率については把握しているものの、管理会計が不十分なため、顧客ごとの真の収益性が把握できていないケースが多くある。

そのため、売上げは一定程度ある顧客だが、要望が多く、営業コストを加味したら実は大幅な赤字ということがあり得る。好景気に支えられ、売上げを上げることだけに躍起になり、利益については後から自然と付いてくるものだと考えていたならば、改めて顧客ごとの収益性を見直す必要がある。その際には、時間をかけて複雑な管理会計を行うといった面倒な作業は必要なく、営業人員の全給料を彼らの稼働時間で割り、顧客への対応時間で案分するといった簡易な方法で構わない。

顧客ごとの収益性の見直しが終わったら、次に、売上金額と営業コストでクライアントを分類し、撤退すべきクライアントを検討する。具体的には、図33のように、売上金額の大・小と営業コストの大・小によってクライアントを4つに分類する。売上げが大きく、営業コストが小さいクライアントが、このまま関係を維持するべき優良なクライアントになる。

売上げは小さいが営業コストも小さいクライアントは、少し営業コストを増やしながら、取引を成長させる成長クライアントに分類される。

売上げは大きいが営業コストも大きいクライアントは、コスト削減クライアントに当たる。この場合、たとえば頻繁に相手先に訪問しなければならないことで営業コストが大きくなっているのならば、ベルフェイスのようなウェブ営業システムを活用することで移動コストを下げたり、特定の営業担当者が対応するのではなく、誰でも対応ができるように仕組み化したりすることで、コストを削減することができる。

売上げが小さく営業コストが大きいクライアントが撤退クライアントになる。この撤退クライアントをシビアにあぶり出すことで、マーケティング予算を捻出できることも少なくない。

図33　営業コストダウンの体系

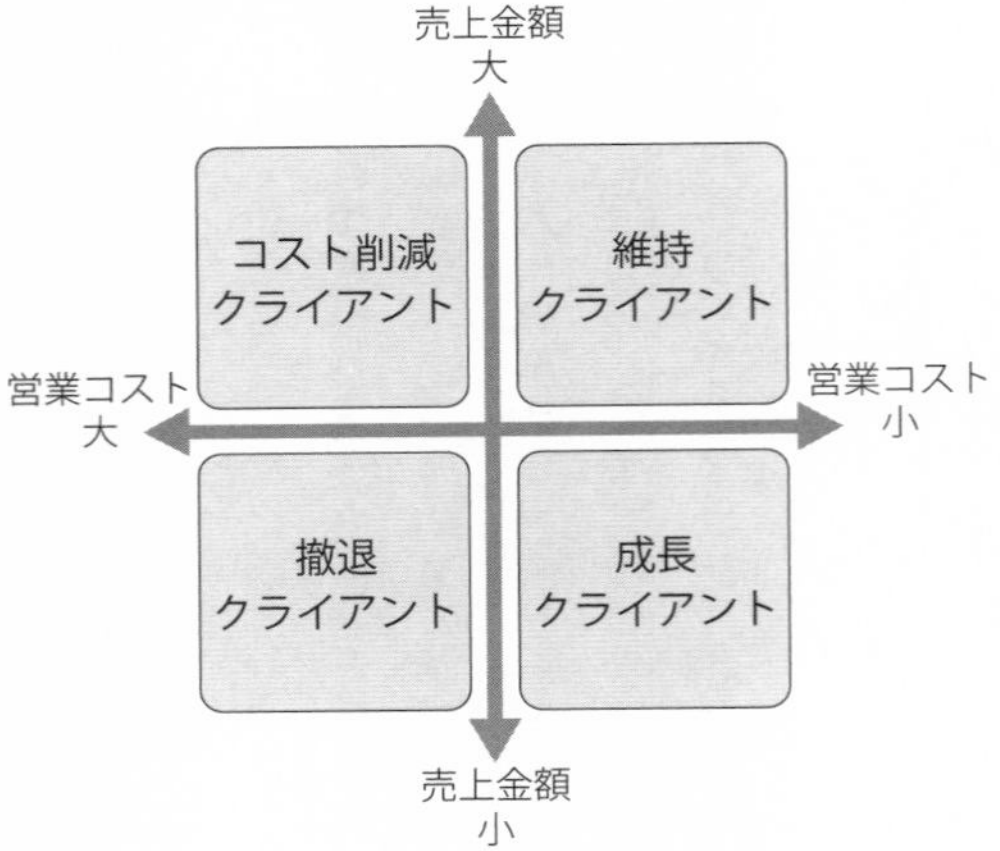

あるクライアントでは売上金額と営業コストの2点から顧客を分類し、下位20％の顧客から撤退したところ、より注力すべき顧客にマーケティングコストと営業コストを割くことができ、その結果売上げが1・3倍になったという。

間接費項目ごとの削減余地

続いて2点目の社内間接費のコストダウンだが、B2Cなどで顧客から撤退しにくい業界の場合、間接費のコストダウンが予算捻出に有効な場合がある。

図34を見ていただきたい。A・T・カーニー監修、栗谷仁編著『最強のコスト削減』（東洋経済新報社）に掲載されている図を筆者が加筆修正したものである。間接費の分類については

図34 社内間接費の分類

予算大 ↑↓ 予算小

	経営者の意識	コスト管理部門	社内の削減手法	見直し頻度
販促費・宣伝費	○	×	×	×
物流費・人件費	○	○	×	△
IT関連費	×	×	×	×
施設関連費	×	△	△	△
諸費	△	△ （項目による）	△	△ （項目による）

※予算の分類名の修正と「予算大」、「予算小」を筆者加筆
出典：A・T・カーニー監修、栗谷仁編著『最強のコスト削減』（東洋経済新報社）掲載の図を筆者加筆修正

さまざまな方法があるが、大きく分けて5つの分類がある。すなわち、予算の大小とコストを経営者が意識しているか、コスト管理を担う部門があるか、社内で削減手法が確立しているか、適切な頻度で相見積りなどの見直しをしているかである。それぞれについて詳しく見ていこう。

販促費・宣伝費については、経営者の意識が高いものの、マーケティング部はコスト管理をする部署ではなく、総務部などの権限も及ばないため、発注業者の見直しが起きにくい。その結果、印刷費などが高止まりしているケースがある。多少品質のバラつきがあっても、相見積りなどでコスト削減を意識したい。

物流費・人件費については、経営者の意識やコスト管理を担う部門もあるが、コスト削減方法が社内で確立していることは少なく、コスト

の見直し頻度も低い。特に物流費については高止まりしているケースが多いことから、定期的に大手企業だけでなく中小の物流会社からも見積りをとってコストの見直しを行うべきである。

ＩＴ関連費はＤＸの推進とともに増加しているが、経営者のコスト意識も低く、コスト管理の部門もないことから、コスト削減をしたり、相見積りなどで見直しをしたりすることもほとんどしていない企業が多い。このようなコストについては、適切なコスト削減のコンサルティング会社を活用するのが手である。

賃料などの施設関連費については総務部などが管理しているが、経営者のコスト意識が低いことが多く、見直されていないケースが多い。テレワークを行うことができる業務も増加していることから、コロナ禍でオフィス解約などが起きている今だからこそ、改めてオフィスでする必要のある仕事とそうでない仕事を見極める必要がある。

諸費には外注費や支払手数料などが挙げられるが、経理の項目上多数の支払いがまとまって「外注費」、「支払手数料」といった勘定項目になっている。そこで、各項目を洗い出し精査することで、ムダなコストが出ていないかを明らかにすることができる。

以上のように、項目別にコスト分類ごとに自社のコスト管理体制がどのようになっているのかを洗い出していただきたい。

コストダウンはくくって、まとめる

このようにしてムダなコストを洗い出したら、次にどのように実際のコスト削減を行えば良いのだろうか。これについては5つの方法がある。

1つ目は**仕様変更**である。自社にカスタマイズされた独自仕様が本当に必要か、本当に今の品質が必要か、製品代替をすることができないか、RPAなどを活用し、自動化することができないかという視点から仕様変更を考えていく。

2つ目は**発注プロセスの改善**である。発注のタイミングがバラバラであったり、発注の承認プロセスや発注自体がエクセルなどに手作業で入力していたりする場合に、自動化したり、システム化したりする手法がある。

3つ目は、**サプライヤーとの関係性変更**である。サプライヤーとの契約の見直しや共同製品開発によるコスト削減、内製と外注の見直しによって、コストを削減できる場合がある。

4つ目は、**ベンチマークからのコスト把握**である。他社のベンチマーク価格を目標として価格交渉を行ったり、製品ライフサイクルコストを見直したりすることで、実は古い製品だからこそ維持コストが高いといったコスト把握を行う。

図35　コストダウンの方法

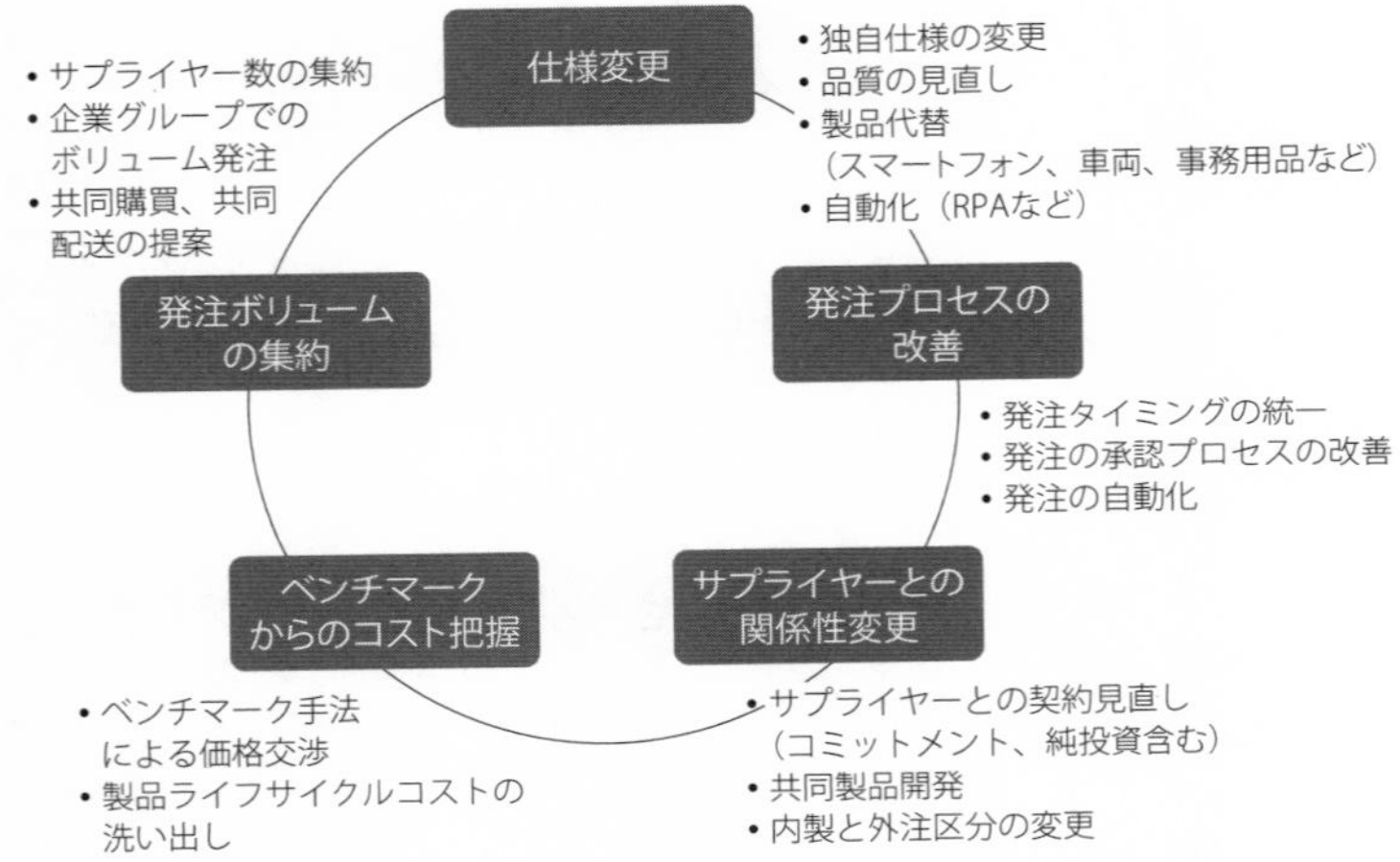

参考文献：A・T・カーニー監修、栗谷仁編著『最強のコスト削減』（東洋経済新報社）をもとに筆者作成

最後に**発注ボリュームの集約**である。サプライヤー数を減らすことでその対応コストを減らすだけでなく、発注ボリュームを増やすことでコストメリットを得られたり、企業グループ間や複数企業との共同購買、共同配送を利用して発注ボリュームを増やしたりすることでコストダウンにつながる場合がある。

以上のように、体系的にコストの把握からコストダウンを実行することで、多くの企業でコストダウンが可能になり、マーケティングコストの捻出につながる。

前述の『最強のコスト削減』によると、上場企業における間接費比率は、総コストに対して11・6％にものぼる。このうち5％をコストカットできれば、総コストに対して0・5％の削減につながる計算になる。こうして社内にたまったムリ・ムダ・ムラを見直すことで、コスト削減と成長につながる予算獲得が同時に実現できる。特に中小企業は経営陣の一声で社内を動かせることも多い。そのスピード感を活かして、マーケティング予算の捻出を行っていただきたい。

4-4 広告代理店の新たなビジネスモデル

広告代理店の多くは売上減

本章の最後にマーケティング部門ではなく広告代理店にフォーカスをし、**アフターコロナにおいて広告代理店に求められるビジネスモデル**について簡単に解説をしておく。

企業のマーケティング予算の削減やイベントの自粛、店舗閉鎖などの影響を受け、売上げ、営業利益ともに減少している広告代理店は少なくない。

電通グループの2020年2月期第3四半期（2020年1～9月）の売上げは9・4%減の6763億円、博報堂DYホールディングスの2021年3月期第2四半期（2020年4～9月）の売上げは21・8%減の5340億円、サイバーエージェントの2020年9月期第4四半期決算の売上げは5・5%増の4785億円と、多くの広告代理店で業績が低下している。また広告代理店であるJR東日本企画単独での業績は公表されてい

表7　広告代理店各社の業績

単位：億円	売上げ	昨年対比	営業利益	昨年対比
電通グループ	6,763	−9.4%	185	−50.1%
博報堂DYホールディングス	5,340	−21.8%	18	−91.1%
サイバーエージェント	4,785	5.5%	338	9.9%

※各社の決算月が異なるため、正確な比較ではない

ないが、ＪＲ東日本の流通・サービス部門の２０２１年3月期第２四半期の売上げは74・７％減と、大幅にダウンしている。

広告代理店はまず本業の周辺でビジネスを検討すべき

今後、広告代理店の本業である広告ビジネスの売上げは、企業のマーケティング予算が急速に戻るとは考えにくいため、横ばいかやや上昇にとどまるであろう。なぜなら、企業が仮に前節で紹介したコスト削減施策を行うとしても、その効果が出るまでには半年はかかるからである。

一方で、自社は広告ビジネスだけを展開していて良いのか、事業の幅を広げる必要があるのではないか、と考える広告代理店もある。確かにビジネスの規模が拡大し、外部環境の変化が速くなる中で、これまでのように本業一辺倒では変化に対応する意味では厳しいものがある。

今後の企業経営においてはデザイン・シンキングやＵＩ／ＵＸが重要になることから、この分野のコンサルティング部分を強化しようと

いう動きも見られるが、この領域については既にアクセンチュアやＢＣＧデジタルベンチャーズなど、既存のコンサルティング会社が積極的に人員を増やしており、その中で勝ち残るのは一筋縄ではいかない。さらにはコンサルティングフィーを広告代理店に支払うクライアントも少ない可能性がある。

では、広告代理店はアフターコロナにおいて、自社のビジネスモデルをどのように変革すれば良いのか。その答えは、**次世代の成長企業の育成にある**と考える。

広告代理店が実ビジネスを行うことを推奨する人もいるし、それができる人材がそろえばベストではあるが、広告代理店の強みからしても、実ビジネスにおいて現業と同様の売上げ、利益を上げることは2〜3年といった短期間では難しいであろう。

そもそも広告代理店の主な仕事は、企業のマーケティング予算を預かり、それを活用して企業の売上げや認知度を上げることである。したがって、広告代理店が収益を上げていくためには、企業の売上げが大きく向上しなければならない。しかしながら、急成長を遂げていく企業の多くは財務体質が脆弱なことが多い。そのため、広告代理店を通してテレビCMや首都圏での交通広告といった大規模なマーケティングを行いたくても、そのための予算がないことが多い。

そこで、まずはそのギャップを埋めることが先決となる。その際、成長企業については広告発注費の原価部分だけを回収し、粗利に当たる部分については成長企業の株式やストックオプションを取得することで、粗利以上の収益を中長期的に上げていくビジネスが考えられる。

このビジネスモデルであれば、合弁会社を設立する協業モデルでも純投資でもないため、自社の本業のノウハウを活用することができるし、いったん原価さえ回収できれば、広告代理店としてもキャッシュフローが大きく悪化する可能性は低い。

ウィズコロナからアフターコロナにかけて、積極的に広告を打つことができる企業は限られるであろうから、このように現金と株式で資金回収を行うビジネスモデルはひとつの選択肢である。

優秀な人材の提供もビジネス要素となる

もうひとつの可能性としては、**成長企業への人材提供**である。広告代理店のビジネスの肝は質の高いクリエイティブや広告運用、企画提案、すなわち知識とノウハウである。一方で、成長企業にそのような知識とノウハウを兼ねそろえた人材がそろっていることはめったにない。

そこで、広告代理店内のそうした知識とノウハウを備えた人材を成長企業に貸し出すことで、広告提供にとどまらず協創してビジネスを行っていくことができる。成長企業側にとっても、広告費だと出しにくい予算も、人件費の名目であれば出せるケースもある。広告費などの一時的な費用に対しては、金融機関からの融資が認められないことが多いが、運転資金であれば融資が下りる場合が多いため、ファイナンスの面からも、成長企業に受け入れられる余地がある。

広告代理店側にとっても、広告予算という一時的な支出ではなく、人材提供による手数料であれば、中長期にわたって続く場合もあるし、成長企業で働きたいという社員を出向させることで、社員のモチベーション維持にもつながるという利点がある。

他にも広告代理店には企画コンペがつきものだが、人材提供をしている企業であればその会社の内部事情がわかっているため、コンペを経ることなく相対取引ができる可能性が高くなる。

このようにウィズコロナからアフターコロナの数年にかけて、まずは本業に近い部分から広告代理店ビジネスを多角化することが、収益の安定化・拡大につながるであろう。そして、アフターコロナにおけるビジネス機会の拡大を目指し、中長期の視点から実ビジネスをも手掛けられるようになると、より事業基盤は安定していくと考えられる。

第5章

アフターコロナのブランドマネジメント

5-1 新しいブランドマネジメント

ブランドマネージャーの役割はどうなっていくのか？

第1部では、ウィズコロナの変化を見ながら、アフターコロナのマーケティング戦略について議論を行ってきた。続く第2部では、ブランドや商品企画、PRといった**戦略を具体化したマーケティング戦術**について解説をしていく。

まず本章では、**アフターコロナにおいて製品レベルでのブランドマネジメントはどのように行っていくべきなのか**について見ていくことにしよう。

企業ブランドをどのように構築するのかについては既に説明をしたので、本節では製品ブランド全体のマネジメントと、個々の製品ブランドのマネジメントをつかさどる、**ブランドマネージャーの役割がどうなっていくのか**について解説をしていくことにする。

表8　企業全体のブランドマネジメント

	セブン&アイ ホールディングス	マイクロソフト	キリンホールディングス
企業ブランド	•セブン-イレブン •イトーヨーカ堂	マイクロソフト	•キリンビール •キリンビバレッジ •協和キリン •協和発酵バイオ　など
事業ブランド	•セブン-イレブン •セブン銀行 •オムニ7	•Office •Azure •Xbox	•キリンビール •メルシャン •小岩井乳業
商品ブランド	•セブンプレミアム ゴールド •セブンカフェ	•PowerPoint •Excel •Word •Teams	•午後の紅茶 •キリンビール •氷結　など

製品ブランド全体のマネジメント

まずは、製品ブランド全体のマネジメントをどのようにしていくのかについて簡単に見ていこう。

従来までのブランド論では、表8のように企業ブランドの下に複数の事業ブランドと商品ブランドを持つことが有効だと説明されてきた。

たとえばセブン&アイホールディングスでは、企業ブランドとしてのセブン-イレブン、イトーヨーカ堂の下に、事業ブランドとしてセブン-イレブンやセブン銀行などがあり、商品ブランドとしてセブンプレミアムゴールドがある。

他にもマイクロソフトでは、オフィス向けソフトウェアサービスのOfficeやクラウドサービスのAzure、ゲーム事業のXboxといった事業ブランドと、PowerPointやTeamsといった商品ブランドを持っている。

キリンホールディングスも飲料、バイオなどの事業ごとに企業ブランドと事業ブランド、そして午後の紅茶やキリンビール、氷結といったカテゴリーごとの商品ブランドを持っている。

ブランド・ポートフォリオ戦略とは？

事業ブランドと商品ブランドについては、ブランド論の大家であるデイビッド・A・アーカーの『ブランド・ポートフォリオ戦略』（ダイヤモンド社）で紹介されているように、顧客ターゲットを分けたり、**リスクを減らすために複数ブランドのポートフォリオを組むこと**が重要視されてきた。

ブランド・ポートフォリオ戦略については、大きく4つに分類できる。

1つ目は、1つのグループ共通のブランドで全セグメント・全カテゴリーをカバーする**マスターブランド戦略**である。これは、外資系の企業など誰もが知る世界的ブランドを持つ企業が利用しているケースが多い。たとえばＢＭＷやハーゲンダッツ、レッドブル、ナイキ、アディダスなどである。日本の企業ではＹＡＭＡＨＡやホンダ、パナソニックなど

図36　ブランド・ポートフォリオ戦略の考え方とブランド例

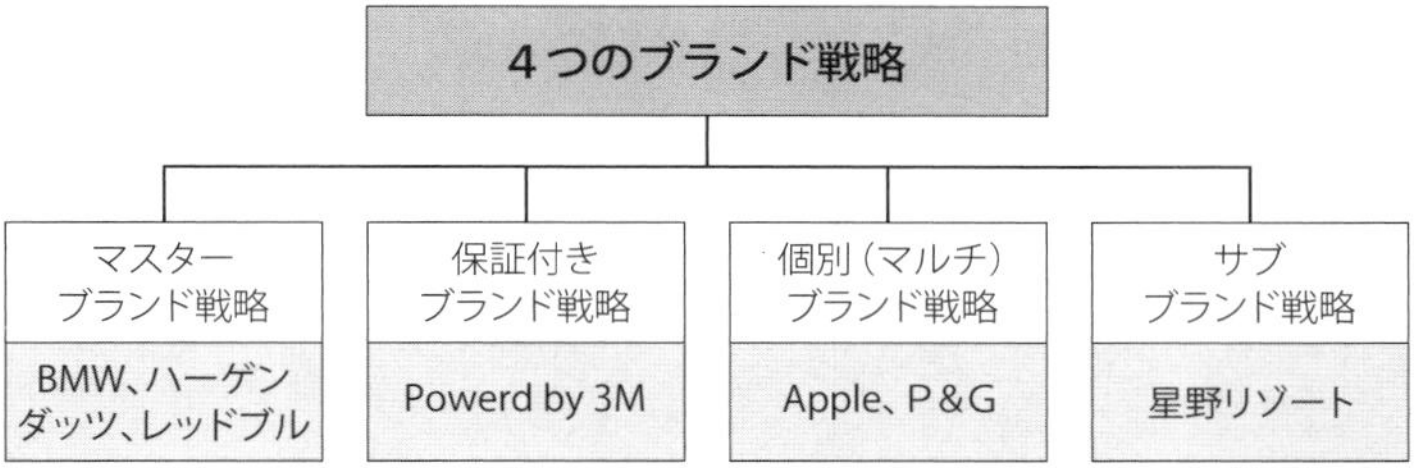

参考文献：デイビッド・A・アーカー『ブランド・ポートフォリオ戦略』（ダイヤモンド社）をもとに筆者作成

のグローバル企業が採用している。マスターブランド戦略は、強力なブランド力で顧客イメージを作ることができるというメリットがある一方、そのブランドのカテゴリー内で事業展開をする際にブランドイメージが足かせになりやすいというデメリットもある。

２つ目は、**保証付きブランド戦略**である。これは最近増加してきている「Powered by」に代表されるように、新しいブランドに知名度のあるブランドを重ねて表示することで信頼度を上げる戦略である。たとえば、資生堂が中国に進出した際にオプレのブランド名とＳＨＩＳＥＩＤＯのロゴを表記した事例がある。３Ｍのポストイットも「by3M」と併記されている。

新しいブランドは自社ブランドのこともあれば、他社ブランドのこともある。この保証付きブランド戦略は、顧客に暗黙的に複数のブランドイメージを惹起させることで、独立したブランドを複数持つ場合よりも相乗効果がある。

3つ目は、カテゴリーごとにブランドを変更する**個別（マルチ）ブランド戦略**である。この戦略には、それぞれが独立したブランドをとるマルチブランド戦略と、1つの大きなブランドとそれをサポートする小さなサブブランドを設けるサブブランド戦略がある。

マルチブランド戦略は、カテゴリーごとにブランド名をすべて変更する戦略であり、ブランドのポートフォリオよりもそれぞれのブランド力を向上させる、リスク分散を図ることができるというメリットがある。その一方で、顧客からは個別ブランドのイメージが強くなり、商品を購入する際に企業ブランドを意識しなくなるという、デメリットがあるという指摘もある（これについては研究者ごとに諸説あるのでここでの議論はしない）。マルチブランド戦略をとる企業には、傘下にパンパースやレノア、ボールド、ブラウンなど80以上のブランドを持つP&G、ルイ・ヴィトンとクリスチャン・ディオール、モエ・エ・シャンドンなどを代表に6つのセクターで75のブランドを持つLVMHが代表例である。iPadやMacBookなどのブランドを持つAppleもこの戦略になる。

4つ目は、**サブブランド戦略**である。これは、1つの親ブランドの下に複数のサブブランドをぶら下げる戦略であり、星野リゾートが代表例である。同社では、星野リゾートというブランドのサブブランドとして、星のや、リゾナーレ、界というサブブランドを抱えている。

ブランドライフサイクルマネジメントの登場

少し長くなってしまったが、ビフォーコロナまでのブランドマネジメントの定石について解説してきた。では、アフターコロナにおいては、ブランドマネジメントにはどのような戦略が求められるのだろうか。

それは**ブランドライフサイクルマネジメント**である。この戦略は筆者が提唱する概念なので、少し長くなるが詳しく解説させていただきたい。

ブランドライフサイクルマネジメントでは、これまでのように「どのように製品ブランドを強化するか」「あるカテゴリーのナンバーワンをどのようにとるのか」「ブランドごとの管理はどのようにするのか」といった企業視点を捨てることがポイントとなる。その上で、顧客視点からブランドライフサイクルを見極め、ブランドがライフサイクルのどこに位置しているのかを把握し、それを踏まえてブランドをどのように脱成熟化させるか、もしくはどのように破棄し、ゼロから新しいブランドを作るか、という戦略が重要になる。

ブランドライフサイクルとはブランドの一生を表しており、「浸透期」、「拡張期」、「成熟期」、「衰退期」の4つのフェーズに分かれると筆者は考えている。

浸透期では、ブランド認知率が20％以下など、顧客の中でブランドイメージが醸成され

図37　ブランドライフサイクルの４つのフェーズ

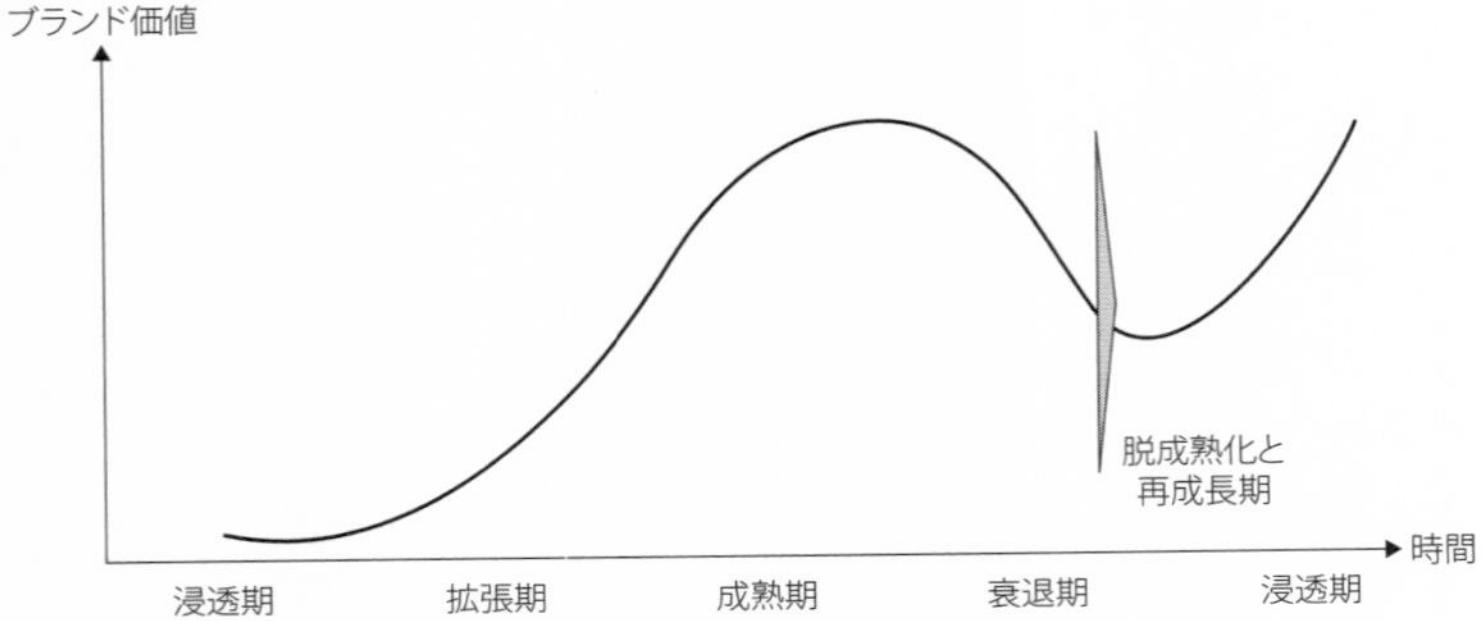

ておらず、競合との競争にさらされている状態にある。したがって、売上げが拡張しても、マーケティングコストがかかり、競合との比較もされるため利益率は高くない。

ブランドの顧客への認知率が20％を超えると、拡張期になる。この時期には、ブランドの認知度を60％以上まで一気に上げていくために、ブランド構築のためのマーケティングコストの支出がかかる。一方で顧客の口コミやイメージの向上によって競争を避けることができるので、収益性は改善する。

衰退期ではリ・ブランディングにとらわれすぎない

成熟期では、ブランドが一定の認知率を得たことで、自社のブランド力を活かして高額な商品が販売できたり、競合と十分な差別化ができるようになったりすることで、収益性が最大化される。この時期には、特段ブランドに大きな投資をするよりも、顧客イメージの向上を目指すメッセージやブランドパッケージの変更など、小さなマーケティングコストでブランド維持を図ることが重要である。

最後に衰退期では、製品のブランド力が下がり、顧客への販売力が低下する。その要因として、あまりにブランド力が強化されすぎたために顧客に飽きがきてしまったり、商品力の低下によってブランド力が下がったりするケースなどがある。

衰退期では、テイストやロゴ・パッケージを替えてリ・ブランディングをすることでブランドを一新し、その状況を乗り越えようとする戦略がとられがちである。しかし、多くの場合、一度離れてしまった顧客はリ・ブランディングされたブランドについていくことができない。皆さんの中でも実体験があると思われるが、一度使わなくなった商品を再度使う可能性は高くないであろう。それほど心が離れてしまったブランドに再度振り向かせるのは難しい。このことを体現したのが、一世を風靡《ふうび》したアパレルブランドのセシルマクビーである。同社は売上げを回復するために、2019年度にテイストを変化させて客層の若返りを図ったものの、そもそも今の顧客が浜崎あゆみや倖田來未が火をつけた渋谷ギャル系ブランドを好まなくなっており、20年には全店舗を閉鎖する事態に至っている。

衰退期では脱成熟化を狙う

このように衰退期を脱するためにリ・ブランディングを図ってもうまくいかないことが多い。それよりも製品自体を**脱成熟化**させたほうが成功することが多い。

脱成熟化とは、既存の製品に新しい機能・技術を加えたり、新しいカテゴリーを開拓したりすることで製品価値を上げ、それによってブランド価値も向上させることを指す。ただし、新しい機能や技術がなくても、新しい商品コンセプトとカテゴリーを開拓することで製品価値を向上させられるケースは多い。

たとえばパン業界では、さまざまなパンがある中で、長い間菓子パンが売上げの大半を占めていた。ところが２０１３年に登場した乃が美のような、安全でおいしい高級食パンが普及することで、パン業界は脱成熟化を迎えた。それによって新しいカテゴリーを開拓した一方で、既存の高級食パンである「セブン-イレブン 金の食パン」などのブランド価値も向上させている。

もうひとつ例を紹介すると、これまで焼き肉業界は家族や仲間と訪れるものだった。しかし、コロナ禍で急成長を遂げているのは「焼き肉ライク」のような個人顧客をターゲットとした業態である。焼き肉ライクも個人のニーズが多様化し、お一人さまが一般化する中で、「一人焼き肉」という新しいカテゴリーを見つけることでブランドを大きく拡大させた。これに追随する形で既存企業も一人焼き肉のチェーンを買収することで、ブランドの再拡大を行っている。

一方で衰退期にブランドを脱成熟化で再成長させるのではなく、**あえてブランドを破棄する戦略**も、シビアな判断ではあるがアフターコロナにおいて重要になる。なぜなら、ここまで述べてきたように、変化が速く、これまでの成功体験が通用しない世界においては、既存のブランドを長生きさせることのほうが、かえって企業全体のブランド価値を下げてしまう可能性があるからである。

顧客は想像以上に商品＝ブランドと考えているケースが多く、どんなに商品を変更しても、ブランドへのイメージや愛着が変わらないことが多い。先に紹介したエシカル消費やＳＤＧｓが普及する中で、環境に優しくないブランド、社会に悪影響を与えるブランド、体に良くないブランドといった悪いイメージが一度付いてしまうと、商品を替えて脱成熟化を狙ったり、後からリ・ブランディングを行ったりしたところで、顧客のイメージを変えることは容易ではない。それならば、そのようなブランドについては積極的に破棄し、ゼロから新たなブランドを作っていったほうがうまくいく可能性が高い。

ブランド撤退の条件を見極める

ブランドには多くの投資がなされていること、一定の顧客がいることから捨てる判断を下すことには心理的なハードルがあるかもしれない。

しかし、ブランドが衰退する中でそこにしがみつくよりも、**外部環境や顧客の変化に柔軟に対応し、アフターコロナにおいて伸ばすべきブランドとそうでないブランドとをシビアに判断すること**が、ブランドマネジメントの新しい役割になる。

そのブランドの撤退を考える上で基準とすべき考え方が図38である。ブランドへの投資をするか否かを判断するために、ブランドのフェーズと、顧客のニーズの変化が速い商品と遅い商品という2つの軸で分けたものである。

結論からいうと、右下の顧客ニーズの変化が速く、さらに衰退期に入るブランドについては撤退をし、新たなブランドを作り上げたほうが良い。セシルマクビーの事例は、まさにこの撤退をし、新しいブランドを作り上げたほうが有効であったものである。

次に、顧客ニーズの変化が速いが、まだ浸透期にあるブランドについては、市場にフィットするまで1つのブランドに固執することなくブランドを変化させ転換をしながら、顧客に受け入れられるブランドを構築していく。飲食店やアパレルブランド、ＩＴサービス

図38　ブランドマネジメントにおける投資戦略

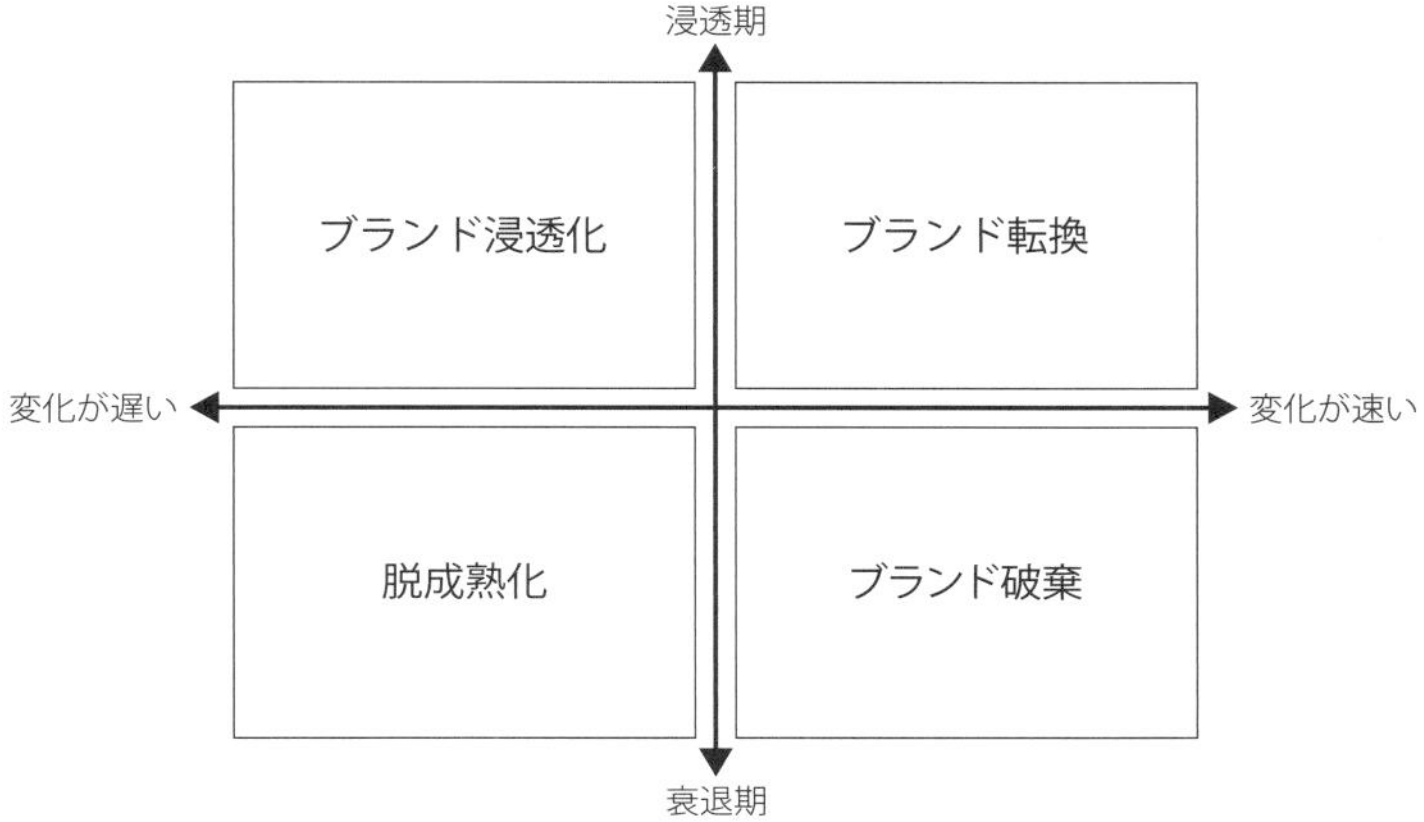

などはこの分野に該当するブランドが多い。

顧客ニーズの変化が遅いが衰退期にある場合、市場の変化が遅いのでその変化が速くなるまでは、新しいカテゴリーを探索しながら脱成熟化を狙うことができる。先の高級食パンの市場についてはパンに関する顧客ニーズの変化は速くないため、脱成熟化で十分対応できたのである。

最後に顧客ニーズの変化が遅く、まだ浸透期にある場合である。この場合には、ブランドライフサイクルに沿ってブランドの浸透を目指せば良いことになる。昔ながらのB2BでまだDX化が進んでいないようなサービスについては、この領域に属するサービスも多いだろう。

以上のように経営陣やCMOにおいては、自社のブランド全体をどのように育成していくのか、もしくは撤退するのかを検討していただきたい。

5-2 ブランドマネージャーの新たな役割

P&Gが生み出した「ブランドマネージャー」という役割

前節では、会社全体のブランドマネジメントについて解説を行ってきた。本節では、**ブランドごとの責任者であるブランドマネージャーの役割がアフターコロナでどのように変化していくのか**について見ていこう。

そもそもブランドマネージャーの本来的な役割は、企業内のそれぞれの担当ブランドの価値を高めるために、ブランドの構築からブランド向上の戦略の策定、ブランドの保護・管理について、企画から販売までの全領域を含めて行うことである。ブランドマネージャーではなく、プロダクトマネージャーと呼ぶ企業もある。

P＆Gの元ブランドマネージャーであったチャールズ・L・デッカーの『P＆Gのブランド戦略』（ダイヤモンド社）によると、ブランドマネージャーという役割はP＆Gが1

920年代から採用したものだとされている。

当時、P&Gは香り付きせっけんの「アイボリー」の市場シェアが競合の同種製品に侵食され始めていた。そのため、「キャメイ」という同カテゴリーの別商品を出す際に、ブランドごとに1名の責任者を置き、ブランドマネージャーがマーケティングから製造、販売のすべてを統括することで、社内の競争を活性化させながら市場シェアの拡大を図るためにブランドマネージャーを採用したという。

ブランドマネージャーに求められる2つの役割

ブランドマネージャー制については、P&G出身者が日本のマーケティング業界で目覚ましい成功を収めるようになった2000年代頃から、日本においても取り入れる企業が目立つようになった。

ブランドマネージャーは前述のように、製造や広告、販売などのチームと連携をしながら、図39のように1つのブランドにおける全責任を果たしている。

それでは、アフターコロナにおいてブランドマネージャーにはどのような役割が求められるのだろうか。これには、次の2つが考えられる。1つ目は**重量級プロダクトマネージ**

図39　ブランドマネージャーの役割

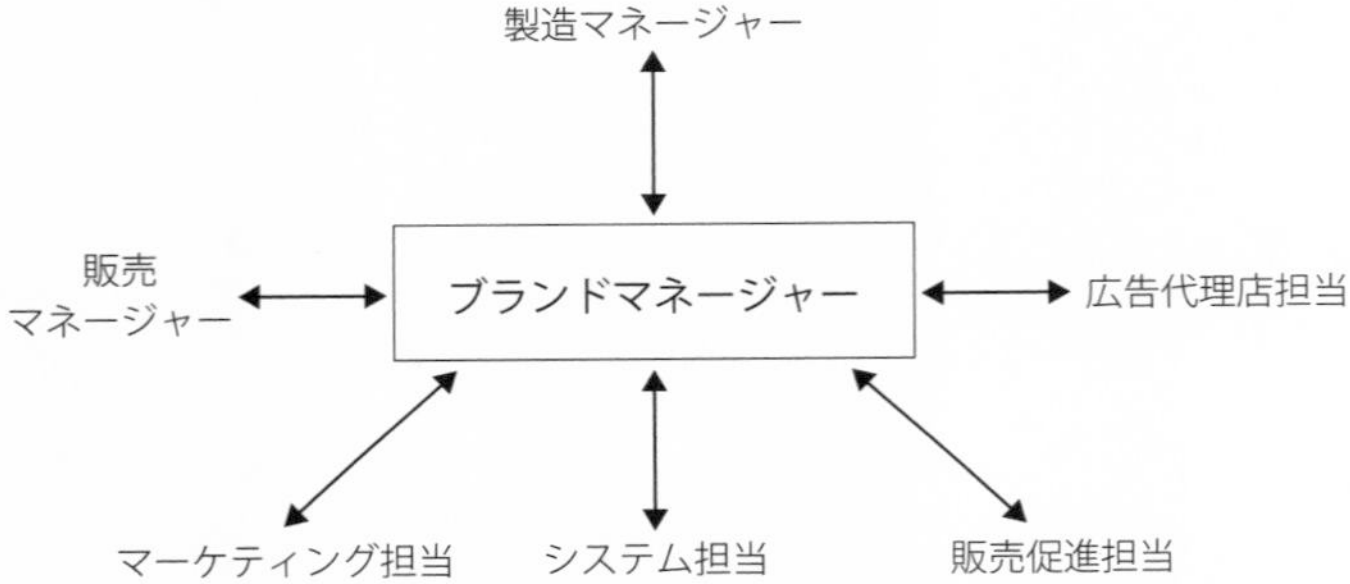

ャー（Heavy Weight Product Manger）としての役割、もうひとつは**プレディクター**（Predictor）としての役割である。

　重量級プロダクトマネージャーとは、ハーバード・ビジネス・スクールのキム・B・クラーク教授と東京大学の藤本隆宏教授が『製品開発力』（ダイヤモンド社）の中で提案した概念である。彼らは、トヨタ自動車がクラウンやカローラなどの世界的大ヒット製品を生み出してきたのには主査制度（現チーフエンジニア制度）に要因があることを明らかにした。

　現在の自動車業界でいうと、テスラ・モーターズのイーロン・マスク氏は、代表取締役でありながら自身がテスラブランドを最も愛するユーザーといった形で顧客の声も聞きながら、社内のマネジメントも行ってきた重量級プロダクトマネージャーといえる。アップルのスティーブ・ジョブズ氏も顧客の声を聞くことのプロであり、細かな広告のメッセージやパッケージの管理までも自身で行う重量級プロダクトマネージャーであった。他にもP&Gの再生をリードした元CEOのA・G・ラフリー氏も、年間20日は顧客のキッチンやバスルームを見て歩いたという。

重量級プロダクトマネージャーは何が重量級なのかというと、その責任範囲が重い点である。顧客の声をヒアリングしながら製品コンセプトの創出を行うマネジメントと、それを実現化するために社内で生産ラインを作り、販売するまでのマネジメントという社内外の両者において全責任を負う、という2つの役割を担っている。

現代のブランドマネージャーも、多くは主に社内のチームと協業することでブランドの最終的な意思決定を行うが、大量のデータ提供を受けるだけで顧客の生の声からは遠くなっていることがある。すると、実際に商品を企画し販売を行っても、実際の顧客のニーズからズレていたために失敗してしまうことが多くある。

そこで重量級プロダクトマネージャーのように、顧客の生の声を直接ヒアリングし、製品コンセプトの創出から行うという役割を加えることで、顧客ニーズとズレた製品開発を行ってしまうリスクを避けることができるようになる。したがって、会社としてもブランドマネージャーに、重量級プロダクトマネージャーとしての権限も与えていかなければならない。

未来を見据えて共有できるプレディクター

重量級プロダクトマネージャーの次に求められる役割として、プレディクターがある。重量級プロダクトマネージャーの役割は、前述のように顧客の生の声と社内の両者をマネジメントするものだが、プレディクターは未来を描き、顧客とその未来を共有することで、ブランドのつながりを築く役割を果たす。顧客の変化が速い世界では、会社全体としては変化に対応することが重要になるが、一方で各ブランドマネージャーの視点から見ると、変化への対応以上に顧客をリードするプレディクターとしての役割が重要になる。

では、プレディクターとしてどのように未来を描けば良いのか。これについては、前述のように、**2〜3年後の将来において自社のブランドがどのようになっているのかの絵を描く**必要がある。この未来図については、自社内だけではなく顧客とともに描いていくのが良い。なぜなら、顧客とともに行っていくことで、定期的に顧客にヒアリングし、その将来像を見直すきっかけにもなるからである。たとえば、食品メーカーや家電メーカーであれば、将来赤ちゃんから高齢者まですべての消費者が安全・快適に食べることができる、というものが挙げられる。この目標は将来の目標であるので、今できるかどうかでゴールを狭めなくても良い。

図40　プレディクターが行う未来予測

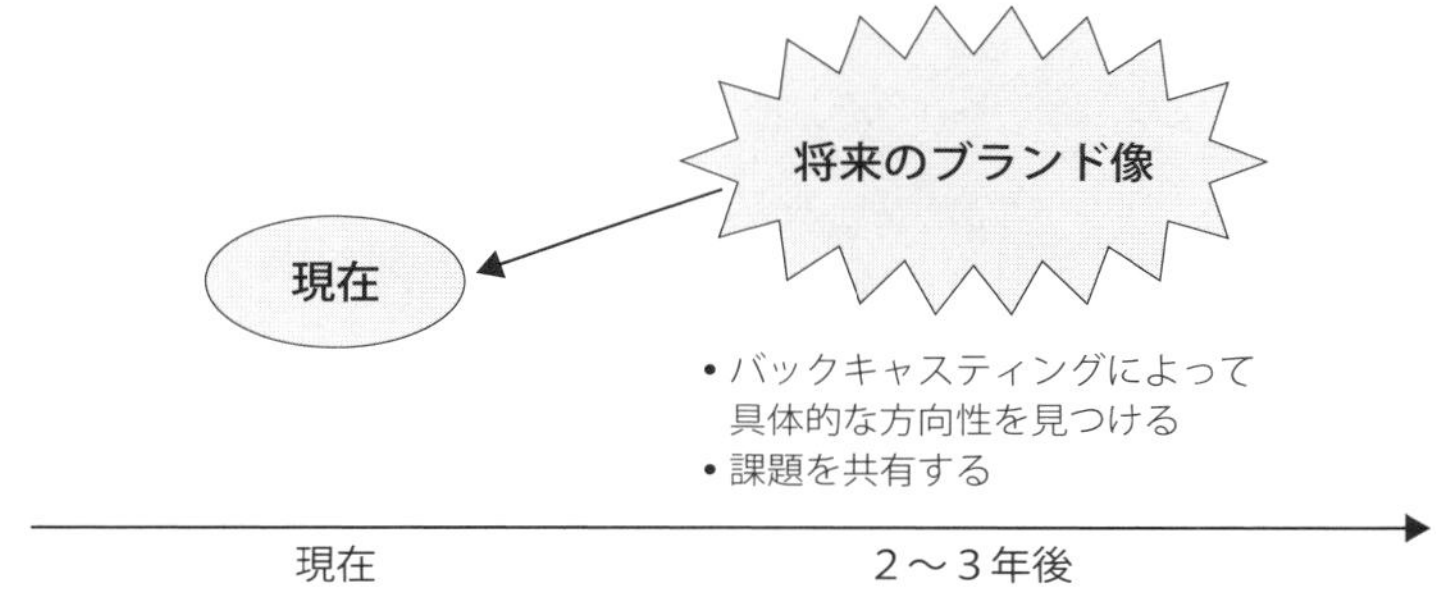

次に、その未来図からバックキャスティング、つまり**あるべき姿から逆算して、ブランドがどうなっていかなければならないのか**を明らかにする。その際には、細かな点まで考える必要はなく、大きな方向性を描くことで十分である。たとえば、現状が安全性よりもコスト削減のために添加物が多く含まれた商品であるとか、提案型よりも他社の流行りの商品をより安く提供する「安売りブランド」であるとする。その場合、その課題を埋める方法として、安全な原材料を活用した商品を顧客に提供すること、そして自社のオリジナル商品を開発するべきであること、といった程度で良い。

最後に、**最終的にブランドが今何をしなければならないのか、何を大切にするのかについてのメッセージを作る**。このメッセージが共有されれば、具体的な施策については自動的に見えてくる。

そして、この3つのステップのすべてを顧客に理解してもらい、共有をしていく。これが本来的なファン作りに必要な要素であり、プレディクターの役割である。

以上のように、ブランドマネージャーは顧客とともに未来を描き、そこからバックキャスティングで現在何をしなければならないのか、何を大切にするブランドなのかを決定していく必要がある。

デザインシンキングを組織に根付かせる方法

少し話が脱線するが、顧客と未来を描くという話をすると、ＣＭＯやブランドマネージャーなどから、デザインシンキングの考え方を顧客の課題に根ざした上で、どのように組織に根付かせられるか、とよく質問をされる。これは、顧客の課題をつぶさに「観察」し、その課題に「共感」することで、商品・サービスのデザインを行うという考え方である。これを実現するためには、２つ重要なことがある。

１つ目は、**あえてブランドマネージャー以外の人間を顧客の課題ヒアリングの責任者としてみること**である。パナソニックの事例で少し紹介したが、製造部や生産部などは、顧客と接する機会が少ないため、顧客の課題を直接耳にする機会に乏しい。そのため、デザインシンキングのような顧客の課題からスタートする思考法を組織に根付かせるためには、製造部や生産部のメンバーを顧客ヒアリングプロジェクトの責任者、意思決定者にする方法がある。最近の多くの企業はカスタマーサポートやお客様相談室を設置しているが、それらのマネジメントは経営との距離が遠いことが多い。これを改め、日々顧客の声を聞いている人の声を吸い上げ、経営陣が直接報告を受ける仕組みを整えるべきである。

2つ目は、スティーブ・ジョブズやA・G・ラフリーのように**トップが経営者の視点を外さないこと**、そしてそれを**ブランドマネージャーやその他の部門に見せること**である。経営コンサルタントとして有名な一倉定氏は現場に現れない経営者を「アナグマ社長」と読んだが、このようなアナグマ社長が実は多い。一方でアイリスオーヤマの大山健太郎社長やワークマンの小濱英之社長のように、顧客の課題を発見し、「欲しかった」を実現している企業の経営者は実に顧客の顔をよく見ている。

デザインシンキングはボトムアップ型のアプローチだが、それを組織に落とし込むとなると、やはり経営者、そしてブランドマネージャーが背中で語る必要がある。したがって、デザイナーが社内にいなくても十分デザインシンキングの組織を作ることは可能である。

このようにブランドマネジメントの方向性が変化することで、ブランドマネージャーの役割が増加し、特に顧客に視線を向け、社内をリードする役割が増えていくであろう。

5-3 弱いブランドを見直す方法

情報爆発時代の商品選択

ここまでアフターコロナにおけるブランドマネジメント、そしてブランドマネージャーの役割について見てきたが、ポジティブに成長しているブランドがある一方で、弱いブランドを強化したいという相談も多い。

そこで本節は少し方向性を変えて、アフターコロナというテーマで、**弱いブランドを見直し、強いブランドへと変化させるための方法**について簡単に解説しよう。これについては、大きく3つの方法がある。

1つ目は、**ブランドの強みとメッセージを絞ること**である。ブランドに弱いところがあるが、商品機能は悪くない場合にまず問題であるのは、消費者に商品価値や商品理念を伝えるメッセージや特徴が多すぎる場合である。シーナ・アイエンガーが『選択の科学』(文

表9 ブランドの弱みを強みに変える方法

	ブランドが抱える課題	解決の方向性
1	商品機能は高いがメッセージ量が多い	30秒で訴求できるレベルまで情報を絞る
2	商品機能もメッセージも良いのに売れない	値上げをすることで、ブランドの特別感を訴求する
3	商品が古い、ローテク	レトロの良さを訴求する

藝春秋）で述べたように、店頭におけるマーケティングにおいて、ジャムの数を5種類から23種類に増やした場合、企業としては消費者に多くの選択肢を与えたつもりであっても、消費者は情報量が増えることで商品選択に悩み、5種類だったときよりもかえって購入を手控えてしまう。店舗という狭い空間においても情報量が増加することで買い控えが起きるのであるから、SNSなどによって消費者が受け取る情報量が増えているネット上ではその比ではない。

しかも前述のように、インターネット上の情報はフローのように大量に流れ去っていく。この情報爆発というトレンドについては、ウィズコロナで消毒液やトイレットペーパーがなくなった際にもパニック的にSNSで情報があふれたように、アフターコロナにおいても促進されていくであろう。

このことから、顧客に「あれもこれもできる」「Aという特徴とBという特徴とCという特徴がある」と企業側からするとたくさんの情報を提供してアピールしているつもりでも、消費者はその情報をしっかり見ることなく素通りしてしまう可能性が高い。

そこで、**伝えたい特徴とメッセージを1つに絞ること**がこの情報爆発の時代においては重要となる。たとえば、スターバックスのブランドメッセージは「サードプレイス」であり、それ以上もそれ以下も伝えていないが、しっかり顧客にブランド価値が理解されている。

プレゼンテーションの世界でエレベーターピッチという言葉がある。自身のプロジェクトを上司や投資家に提案する際に、エレベーターの上から下までの30秒で説明できるように内容を研ぎ澄ますという意味である。

この考え方を、ブランド力が弱い商品・サービスについても適応してほしい。このブランドの強み、特徴、このブランドは何を提供するのか。この3点を30秒で顧客に説明できるようにするのである。文章に起こす場合は30文字以下で表現するくらいに短くするのがコツである。

このように商品機能が一定以上あるにもかかわらずブランド力が弱い場合、顧客に適切にメッセージが届いていない場合が多い。そのために、まずは情報を削ぎ落とすのである。

ブランドを安売りしないことで価値を伝える

2つ目は、**ブランドの価値を伝えるために値上げをすること**である。商品機能が優れており、伝えたいブランドメッセージもシンプルであるにもかかわらずブランドが弱いといった場合には、価値と価格が釣り合っていない可能性がある。つまり、良い商品・サービスであるのに、価格が安すぎるあまり、逆に買い控えが起きる問題が生じている場合が多い。このような消費者の行動は読者も経験したことがあるだろう。

たとえば、一見すごく優れた商品であるのに、価格が安いと「この商品は安かろう悪かろうだ」と思って買い控えることは誰しも経験している。海外製のメーカーの場合には、「日本ブランドではないから」といった消費者の非合理な意思決定が特に増加する。このような当たり前の消費者の行動がブランドにも起きている可能性がある。あり得ない話だが、もしエルメスのバッグが3万円で売られていたら欲しくなるかというと、中古か、何か不備があるのではないか、といったマイナスのイメージを抱いて買わない人が大半だろう。

このような場合の解決策は簡単である。一気に値上げをしてブランドを高級路線へと転換する。間違っても値下げをして商品を売ろうとしてはいけない。値上げすると確かに顧客数は減る。しかし、値上げは顧客に特別感を抱かせ、商品への信頼感を高め、ブランドにこだわりを与えることになる。

このように商品機能が優れており、メッセージもわかりやすいにもかかわらずブランド力が弱い場合には、値上げという戦略も考えてほしい。

デジタル世代にレトロが売りになる時代

3つ目は、**レトロ感、アナログ感をあえて伝えること**である。この時代にいきなりレトロと思われるかもしれないが、ウィズコロナからアフターコロナの世界においてレトロはひとつの価値になり得る。

近年、若者世代を中心に、レトロやビンテージ、つまり「古い」ことが悪いイメージではなく、逆に価値があると受け取られるようになってきた。近年まとめサイトなどが増加しているる純喫茶ブームも、このレトロやビンテージに対する価値観の変化が影響しているのであろう。『日経ＭＪ』の２０２０年1月24日版においても、若者世代にスナックや昭和居酒屋、アナログ手帳といった昔ながらの商品の価値が見直されつつあると紹介されている。

このレトロを代表するサービスとしては、富士フイルムのインスタントカメラ「チェキ」

がある。秋篠宮眞子さま、佳子さまがお二人でチェキを使って自撮りをされている様子を宮内庁が公表しているほど、その人気は高い。

チェキの登場は1998年、商品としては20年以上前と非常に古くからある。一時は下火になっていたのだが、海外でブームになると日本でも07年頃から流行を始め、19年3月期に過去最高の1002万台の販売を記録した。チェキ本体の価格は1万円前後であるから、1千億円近い売上げになる。1千億円というと缶詰の年間の市場規模に相当する金額である。

20年3月期においても、1月頃からコロナの流行で店舗販売が一時止まったにもかかわらず850万台を売り上げている。この数字はチェキのフィルム数ではなく、チェキ本体の販売台数であるから、チェキがいかにユーザーに広がっているかがわかるであろう。コロナ禍でもまさに売れている商品である。

チェキの強みはオールドテクノロジーならでは、「唯一無二のモノ」という点にある、と富士フイルム・イメージング事業部・インスタント事業グループ・マネージャーの高井隆一郎氏が『日経クロストレンド』の2020年6月2日のインタビューで答えている。スマートフォンでいつでも写真が撮り直せる時代だからこそ、「この1枚」という価値が若者に受け入れられている。

少し古い情報になるが、任天堂は過去に販売していたファミリーコンピュータ、スーパーファミコンの復刻版である「ニンテンドークラシックミニファミリーコンピュータ」と「ニンテンドークラシックスーパーファミコン」を２０１７年10月に発売しているが、４日間で日本国内で、36・9万台を販売。18年10月31日に発表した２０１９年3月期第２四半期決算によると、その後1年足らずのうちに全世界で１千万台を販売したという。

以上のように、レトロ、古いという価値観が現在の若者世代に見直されつつある流れは、アフターコロナの世界においても続くであろう。

「ローテクだから」「古いイメージがある」といって、ブランドを最先端のものにリ・ブランディングしようと考えていたら、間違った方向に向かっているかもしれない。その良さをストレートに顧客に伝えるほうが、かえってブランドを強化することにつながる場合も多いのである。

5-4 垣根のないブランドを築くには？

特徴がないことが逆に特徴になる

ここまでアフターコロナのブランドマネジメントについて、さまざまな視点から解説を行ってきたが、本章の最後に、**B2Cサービスなどで垣根のない万人受けするブランドを築くためのちょっとしたコツ**について簡単に解説しよう。

ユニクロやスターバックス、無印良品、マクドナルドなど、万人受けするメガブランドが持つ特徴を見ると、主に3つに集約されている。

1つ目は、**利用シーンや利用用途に際立った「癖」がないこと**である。万人受けするからには、利用シーンも多数あり、利用用途もバラバラになるため、オーソドックス、癖がないことが必要になる。

ユニクロの服であれば、どこに着ていっても奇抜になることはないし、小ぎれいに全身がまとめられる。スターバックスであれば、会議をしている人もいれば、勉強をしている学生、おしゃべりをする主婦など、さまざまな利用用途でタバコなどのニオイや座りにくい椅子などを気にせず、有意義な時間を過ごすことができる。無印良品においても、肌に優しい衣服や体に優しい食品など自然派のものがそろっており、家庭内でのさまざまな利用が可能であり、プレゼントにも最適である。マクドナルドにおいても、朝食からランチ、カフェ、ディナー、そして子どもからお年寄りまで、どのようなユーザー層、ニーズであっても適応することができる。

このように、それぞれのセグメントのニーズにおいて、どのような顧客でも持つような普遍的なニーズを、ある意味「**特徴がないように振る舞って**」提供することが万人受けするブランドの特徴である。「特徴がないように」というのは特徴がないのではなく、あえてブランドの特徴を押し出しすぎることなく、自然体で提供することである。

マクドナルドのQSC&V

2つ目は、**サービスの質が均一であること**である。ユニクロにしても、スターバックスにしても、無印良品にしても、店舗数が非常に多い中でオペレーションが安定していて、店舗のサイズや立地が異なっても同じようなクオリティでサービスの提供を受けることができる。

マクドナルドもそうであろう。マクドナルドは全国どこにいっても同じようなサービスを受けることができる。マクドナルドは自社の価値を「ＱＳＣ＆Ｖ」と説明している。Quality（品質第一）、Service（良いサービス）、Cleanliness（衛生的・清潔感）によって顧客にValue（価値観あふれるもの）を提供するという意味である。そしてこの「ＱＳＣ＆Ｖ」をすべての店舗で実現するために、千ページにも及ぶ店舗運営のマニュアルがあり、これを店舗のマネージャーは把握している。

マクドナルドの事例は、統一的なサービスを提供するためには、ここまで徹底する必要があることを示している。

高すぎず安すぎない価格設定を目指す

３つ目は、**高すぎず安すぎない価格設定になっていること**である。万人受けするブランドは安い商品を提供して販売量が多いからそうなっているのではない。ユニクロやスターバックス、無印良品よりも安い商品を提供する競合企業は多数あるが、最も多くの顧客に支持されるブランドは彼らである。

マクドナルドについてはやや例外で、競争が激しいファストフード業界において、同社のレベルに匹敵する商品を同じ価格で提供できる企業がほとんどないことが支持につながっている。

高すぎる値段設定は、前述のようにニッチなユーザーに対しては有効であるが、価格が上がれば上がるほどユーザー数が減ることは仕方がない。ただし、必ずしも安価に提供する必要はないのである。

代表的な商品こそが商品ラインアップ数より重要

このように、万人受けするブランドは、業界やセグメントを超えて、3つの特徴に集約される。したがって、万人受けするブランドを築くためにはこの3点を必要条件として、まずはこれらを満たすような商品設計、価格設計をする必要がある。

しかし、これだけでは必要条件であって十分条件ではない。これらの3つの特徴に加えて、十分条件として次の2つを満たす必要がある。それは、**代表的な軸になる商品を持つこと**と、**顧客への提案力**である。

代表的な商品は、万人受けするブランドにおいて非常に重要な要素である。ユニクロはフリースのブレイクをきっかけに、エアリズムなど「ユニクロといえばこれ」という他社と差別化できる商品を持っているし、スターバックスにもフラペチーノなど他社にない代表的な商品がある。無印良品には、オーガニックシリーズやレトルトカレーなどのインスタント食品があり、マクドナルドもビッグマックという強力な商品を持っていて、ハンバーガーは必ずマクドナルドのビッグマックという人がいるほど強いブランド訴求ができている。

このように、実は万人受けするブランドには、代表的な商品があることがわかる。万人受けするからこそ、多数の商品ラインアップを作る方向にいくのではなく、まずは代表的な商品を持つことのほうが優先度が高いといえよう。

2つ目が顧客への提案力である。ユニクロ、スターバックス、無印良品いずれも顧客の悩みに対応する提案力を持つ。ユニクロには店舗の従業員だけでなく、「UNIQLO IQ」というAIがチャットボットで着こなし方などから商品を提案してくれるサービスを提供している。スターバックスにおいても、顧客の今日の気分に合わせたコーヒーを提案してくれるし、無印良品は「感じ良いくらし」の提案として、カジュアル、清潔感のある家具や服の提案をしてくれる。

このように顧客の課題に対して適切なアドバイスをすることができ、そこに対して投資をし、さらに権限を与えるという組織風土を持つことが十分条件として必要である。

たとえば、ユニクロでは大規模店舗の店長をスーパースター店長と呼んでおり、権限も給料も本社部長級である。実際に２０１９年6月にユニクロ日本事業の最高経営責任者に就任した赤井田真希氏も、現場の店長、スーパーバイザー、スーパースター店長を歴任しており、ユニクロのカルチャーを体現している。

以上長くなってしまったが、万人受けする垣根のないブランドを築くためには、３つの必要条件と２つの十分条件を満たす必要がある。アフターコロナにおいて新規事業としてＢ２Ｃサービスを展開したいと考えている人は、この点を頭の片隅に置いておいていただきたい。

第6章 アフターコロナの商品企画

6-1 顕在顧客ターゲットか潜在顧客ターゲットか？

アフターコロナの商品企画

第5章ではアフターコロナのブランドマネジメントについて解説を行ってきた。これまで解説してきたように、ブランドの価値を高めるためには、まずは商品機能や商品価値を高める必要がある。そこで、本章では**アフターコロナで売れる商品企画を行うためのポイント**について解説していこう。

まずマーケティングの重要な要素として、商品企画をする際に顕在顧客をターゲットにするか、潜在顧客をターゲットにするかという議論がある。

前者の考え方は、顕在顧客の声を徹底的に重視し、商品企画・商品改善をすることで、それが新しい顧客開拓につながると考えるのに対し、後者の考え方は、顕在顧客の声を聞きすぎて商品機能ばかりを高めると、現状では低い機能であるが故に需要は小さいが、将来機能改善とともに成長する可能性がある商品を見逃す可能性がある。

後者の考え方には2つの理論がある。

1つ目は、ドラッカーが『現代の経営』（ダイヤモンド社）の中で述べたように、企業の経営において重要なのは、**イノベーションと顧客開拓によって潜在顧客を切り拓くこと**である。そして、現実の顧客、潜在顧客は誰で、顧客がどこにいるのかを問うことから、自社の事業の見直しを図るべきだと述べている。同書は1958年に発表されたものだが、変化の速い今の時代にも通じる、統計的な経営論では語れない普遍性がある。

クリステンセンのジョブ理論とセグメンテーションの悪弊

2つ目は、クレイトン・クリステンセンが『イノベーションのジレンマ』（翔泳社）で紹介したものである。彼は、HDDドライブ業界などを研究することで、なぜマーケットリーダーである優れた企業がテクノロジーの進化によって失敗するのかを明らかにした。その要因は、優良顧客の声だけを聞きすぎることで、その時点ではニーズも限られていて技術水準も高くはないものの、将来の大きな市場を開拓する可能性を秘めた破壊的なイノベーションを見逃していたからである。

クリステンセンは過度なセグメンテーションが企業の成長性をそぐという論稿、『セグメンテーションという悪弊』（『Diamond ハーバード・ビジネス・レビュー　2006年6月号』）も発表しており、彼の考え方はマーケティング、商品企画の際にも利用できる。以上のように顕在顧客か潜在顧客かについてはさまざまな考え方があるが、アフターコロナのように変化が速く、これまでの延長線上には未来がない時代においては、目の前の顕在顧客だけをターゲットにしていると、気が付いたら誰も顧客がいなかったことになりかねない。

グーグルが教えるデザインスプリント

では、どのように潜在顧客を発見し、彼らに対して商品企画・商品開発をしていけば良いのか。そのヒントをグーグルの投資部門であるグーグル・ベンチャーズが教えてくれる。グーグルは検索システムを筆頭に、これまでになかった製品を多数企画・開発し、成功させてきた。同社が変化の速いIT業界において、素早く商品企画・開発を行う際に利用しているのが、**デザインスプリント**という考え方である。

これは、ビジネス上の課題設定からユーザーへのアイデア検証、プロトタイプ作り、デザインまでを5日間で行うプログラムである。通常は商品企画からプロトタイプを設計し、テストを行うまで数カ月かかるといった企業が多いが、変化の速い現代においては、デザインスプリントのように5日間で実行まで持っていくことに優位性がある。

小規模で多様性のあるチーム構成を行う

図41を見ていただきたい。デザインスプリントは全部で6つのフェーズに分かれている。まず準備時間として、**プログラムの準備**（Preparation）を行う。ここでは、まず多数の事例収集を行う。競合や既存の事例を収集しておく。続いてチーム構成を行う。チームは小さく、かつ現場のメンバーからCEOまで多数の部署から参加することが望ましい。その際にデザインスプリントでは意思決定者が重要な役割を果たすが、意思決定者はCEOや経営陣といった大きな権限を持った人物である必要はない。むしろ意思決定者は普段商品企画に関わらないようなメンバーのほうがフラットな意見が得られるので良いとされる。こうして準備が整ったら、実際の行動へと移っていく。

1日目が**課題定義と課題共有**（Mapping）である。課題定義と課題共有において重要なのは、個人で課題を考える時間（アイディエーション）と、複数で課題を共有する時間と

図41　デザインスプリントの６つのプロセス

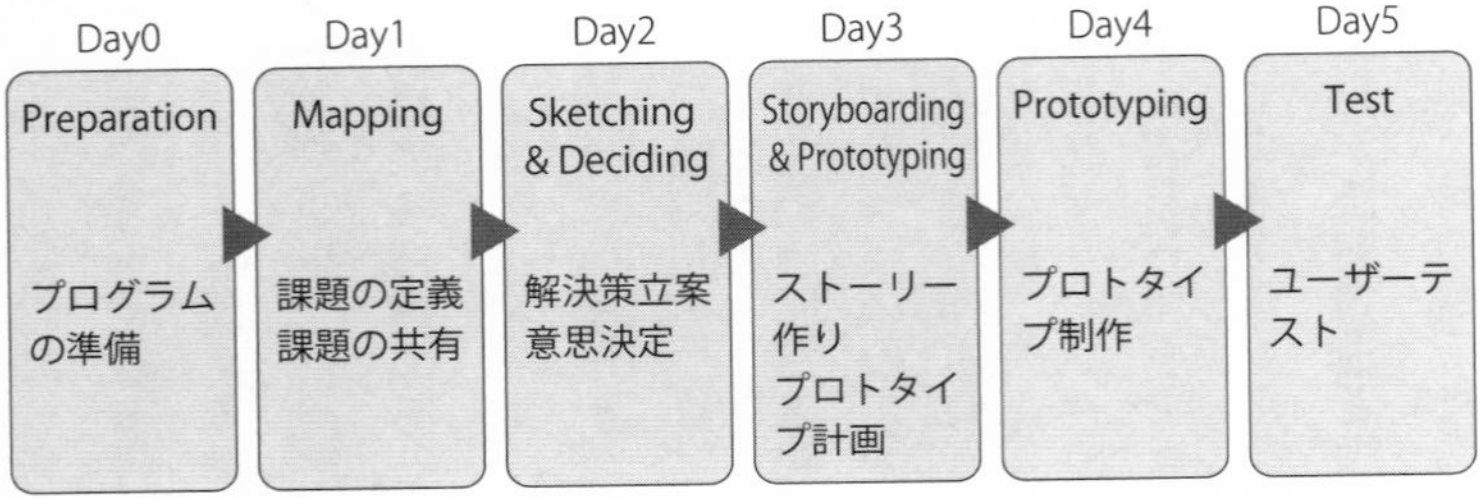

を分けることである。なぜなら集団でのブレインストーミングは意見を出すことに終始してしまい、実はスピーディな意思決定につながらないことがあるからである。そこで課題を考えるのは個々で行い、それによって出された課題の中からどれを今回のプログラムのテーマとするのかは、全員の投票によって決める方法をとる。

２日目が**解決策立案と意思決定**（Sketching & Deciding）である。解決策の立案と意思決定においても、課題定義と同様に解決策を考えるのは個人ワーク、その意思決定は全体の投票で行う。なお、前述のように、意思決定者は役職者である必要はない。

またデザインスプリントでは、解決策を立案する際に、「Remix and Improve」という考え方を重視する。これは、既存の解決策からアイデアを盗み取るものである。事前準備で行った事例共有を活用しながら、うまくいっている方法を組み合わせ、オリジナルの解決策を導き出すのである。

肝はストーリー作りとプロトタイプ作り

3日目が**ストーリー作りとプロトタイプの計画**（Storybording & Prototyping）である。ここでは、どのような課題解決を行うか、具体的なストーリー作りとプロトタイプのためのツール選定を行う。ストーリー作りでは詳細に入る前にストーリーボード、つまり全体の顧客に説明したストーリーの流れだけを設計する。そしてプロトタイプ制作のためのツール（たとえばCacooなど）を選定し、概念図やワイヤーフレームだけを設計する。

4日目が**プロトタイプ制作**（Prototyping）である。ここでは具体的なＵＩ／ＵＸデザインを引き、具体的なプロトタイプを制作した上で、テストを行うためのユーザーを5名ほど採用する。

5日目が**ユーザーテスト**（Test）である。ここではユーザーにインタビューするための質問を10から20個設計してヒアリングをしたり、実際にユーザーに利用してもらい、意見の吸い上げとアイデアの取捨選択を行ったりする。

以上の流れを5日間で行うことで、素早く商品企画・開発を行うことができるのが、デザインスプリントのメリットである。

デザインスプリントを利用することで、時間とコストをかけずに、潜在顧客に対して小さな単位で商品をレビューしてもらうことができる。近年ではさらに短く3日間でデザインスプリントを行うことができるように、短縮版も考案されている。これは、小さく、そして短いサイクルを繰り返すことのほうが、長く考えることよりも重要だという考え方が普及してきたことによる。

商品開発までに時間のかかる大企業組織

一方で大企業では、このデザインスプリントと正反対の開発方法をとっているケースが多い。企画を考えるのに3カ月、商品開発に3カ月から半年、そこから商品化まで半年といった具合に、長い時間をかけている。このようなスピード感では今後の競争に勝ち残っていけない。

現在その商品を利用していない潜在顧客をターゲットにして、新しい商品で顧客開拓をしていくためには、デザインスプリントを取り入れていく必要がある。

アフターコロナの世界では、デザインスプリントを組織のマインドとして埋め込めることができるかどうかが商品企画・商品開発において重要になってくるだろう。

6-2 商品企画とパートナーシップ

オープン・イノベーションとは？

前節では自社内でデザインスプリントを回しながら、素早く商品企画・商品開発を行う方法を紹介してきた。一方で複雑な課題を解決する場合や、B2Bサービスなどの場合においては、自社内だけでアイデアを出して、それをプロトタイプ化することが有効ではないこともある。

その際に重要になる考え方が**オープン・イノベーション**である。これは、他社と共同でこれまでにないイノベーションを起こすという考え方で、今では一般的になってきた。

オープン・イノベーションの中には大企業同士のものもあれば、大企業とベンチャー企業との事例も登場してきている。また、日本企業と海外企業との事例も増えている。たとえば、コロナ禍の2020年3月30日に公表されたのが中国平安保険と塩野義製薬の提携である。両社は、診療データを収集してデータに基づく医薬品開発、医薬品の製造・品質管理体制の構築、販売・流通体制の構築という分野でノウハウを提供し合い、新たな顧客の健康・医療情報提供を行うとしている。

オープン・イノベーションはなぜうまくいかないのか？

一方で、オープン・イノベーションがあまりうまくいかないケースも多い。表10を見ていただきたい。これはオープン・イノベーションが成功しない要因とその際の解決策、アフターコロナにおけるポイントをまとめたものである。

筆者が大企業とベンチャー企業のオープン・イノベーション施策を立て直した経験からいうと、その原因は両社の経営陣のコミットメントがないこと、明確なゴールが設定されておらず何を成し遂げたいのかが曖昧になっていること、オープン・イノベーションを推進する担当者に優秀な人材が当てられていないことが主なものである。

では、これをどのように解決するのか、そしてアフターコロナにおけるオープン・イノベーションを推進するためのポイントは何だろうか。

まずは、経営陣のコミットメントがない場合を考えてみよう。この場合の解決策として

表10　オープン・イノベーションが成功しない要因と解決策

原　因	解決策	アフターコロナにおけるポイント
①経営陣のコミットメントがない	•両社の課題の明確化 •経営者がコミットメントをし、進捗モニタリングをする	•課題の明確化と公表 •スピード感を持ち、短いスパンでモニタリングする
②明確なゴール設定がない	•ゴール設定を明確化する •施策に落とし込む	•壮大なゴールからのバックキャスティング •施策はデザインスプリントで
③担当者に優秀な人材が当てられていない	•優秀な人材の任命 •若い社員を登用する	•社員の成長の場として活用 •交わる「場」を設定する

は、まずトップ同士が課題を明確化することと、現場やパートナーシップ参加者に丸投げせず、コミットメントとモニタリングを行うことである。

では、アフターコロナにおけるポイントは何かというと、課題を決算説明会やＩＲなどで表明することである。そうすることで、コロナ禍においてこれまで以上に強まる株主の声を聞くことにもつながるし、定期的に報告しようとする意識も生まれていく。

また、他のマーケティング施策と同様に、短いサイクルでモニタリングをし、方向性を修正することで、大きな投資をして後戻りができなくなったり、なかなかスタートができないというミスを犯したりする可能性が減る。

２つ目に、明確なゴール設定がない場合である。確かに素早くスタートすることは重要であるが、何も決めずに始めてしまうと、軌道修正をするための振り返りをすることもできないし、両社で明確な目標を持って当初の目的を達成することができなくなる。多くのアライアンスやオープン・イノベーションが失敗する理由は、この見切り発車的なプロジェクト推進に問題があることが多い。

この場合には、トップマネジメントが決めることが組織のスピード感向上には良いが、それが難しい場合は、デザインスプリントを参考に、まずは両社から数名を選出し、小さなチーム単位で良いので目標・マイルストーンをいくつか決定してほしい。これを設定しておくことで、いつでも元の道に戻ってくることができる。また、施策を抽象的なままにせず、具体的にどのような施策をどのような目的で行うのかもあわせて決定しておきたい。

実は、この場合の解決策とアフターコロナにおけるポイントは、既に本書の随所で解説済みであり、壮大なゴールとバックキャスティングという視点、そして施策をデザインスプリントのように目に見える形で素早く出し、ユーザーのフィードバックを得て改善していくことを高速に回すことで解消できる。

優秀な人材をオープン・イノベーションで見つける、育てる

3つ目に、担当者に優秀な人材が当てられていないという問題である。この問題が最も根が深い。社内で大成功が期待されているプロジェクトならば、優秀な人や将来会社を背

負って立つ人を出せないことはないであろう。したがって、優秀な人材が当てられない本質的な原因は、そのプロジェクトにトップのコミットメントがない、期待されていないことを示している。

この場合は、外部の力を借りてトップの意識を変えるところから始める必要があるため、問題が解決するまでには少し時間がかかるかもしれないが、必ずコミットメントを引き出すことは行っていただきたい。

また、若い社員が優秀な人材であることも多い。若者の視点でフラットに世の中を見渡すからこそ理解できる顧客の課題もあるし、テクノロジーなどはむしろ若者のほうが強い。だからこそ、年齢にとらわれず積極的に若い人を登用する必要がある。

そして、アフターコロナにおけるポイントは、オープン・イノベーションを商品企画のネタとしてだけでなく**社員の成長の場として活用すること**である。特に大企業では外部との関わり合いが少なく、内部意識が強い人材が多い。そこで、外部との関わり合いを増やすことで自身の視野を広げ、新しい情報を手に入れて商品企画ができるような人材を育てるための場として活用する。

その際に重要なのは、別々の会社内でプロジェクトを促進した上で会議に案を持ち寄るのではなく、同じオフィス（シェアオフィスなどでも良い）を借りるなどして、**同じ場で**

学ぶことである。その場所がベンチャー企業などが多数参加しているオフィスなどであれば、さらに多くの刺激を得られるだろう。

多様性が交わるような場をメディチ家が設けたことで、ルネサンスという偉大な文化が生まれたとフランス・ヨハンソンが『メディチ・インパクト』（ランダムハウス講談社）で示しているように、リアル、オンライン問わず、企業でも意図的に人が交わる場を設けることで、イノベーションが生まれていく。

画期的な商品開発を行うイノベーターの特性とは何か？

他にも社内のメンバーを選抜する上で参考になるのが、クレイトン・クリステンセンらの『イノベーションのＤＮＡ』（翔泳社）である。彼らは、８年をかけてスティーブ・ジョブズ、ジェフ・ベゾス、マーク・ベニオフらの著名なイノベーター５００名と５千人の企業幹部の調査を行った結果、優れたイノベーターが持つスキルは５つであることが明らかになった。

１つ目が**関連付ける力**である。イノベーターはさまざまな分野の知識や経験、情報をもとに、意外な結びつきを行うことができる。また、問題の詳細を分析するズームインの視

図42　イノベーターのDNA

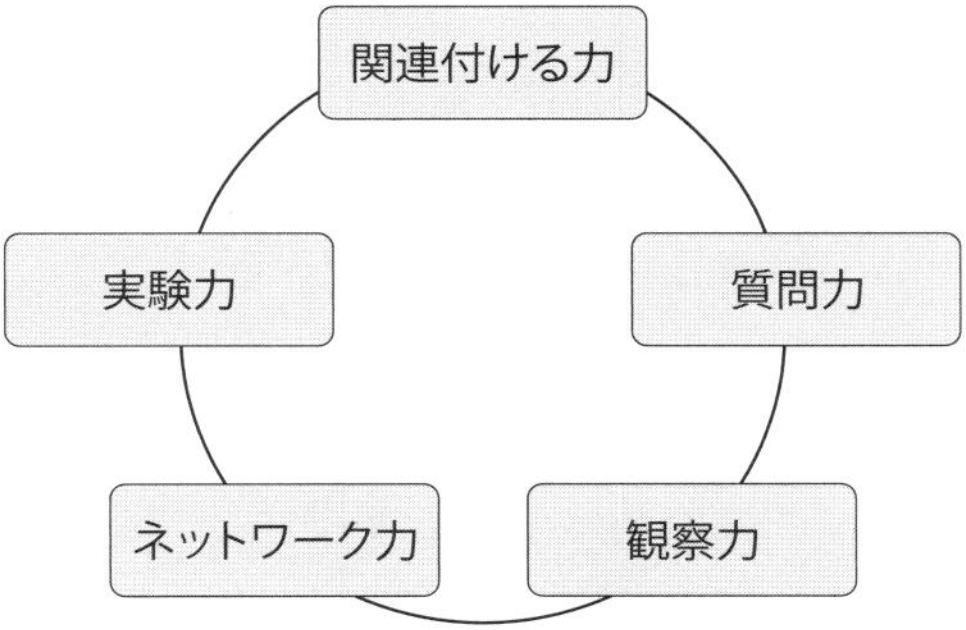

点と、全体を俯瞰するズームアウトの視点を持ち、幅広い経験の点と点をつなぐことができる。

2つ目が**質問力**である。イノベーターは、型破りな質問によって現状に異を唱え、常に常識を疑い、「もし○○だったら」、「なぜ」という質問を繰り返すことで、問題の本質に迫ることができる。

3つ目が**観察力**である。イノベーターは、意識的に周りの世界を観察し、目に映るものを固定観念化せず疑うことができる。これまでの経験にない物事を鋭く捉えることで、新しいアイデアを掘り出すことができる。

4つ目が**ネットワーク力**である。イノベーターは、新しいアイデアや洞察を引き出すために、いろいろな考え方を持つ人とのネットワークがある。そうした多様性に触れる機会を増やすことで積極的にアイデアを出すことができる。

5つ目が**実験力**である。イノベーターは新しいアイデアに基づく製品コンセプトを「因数分解する」「実証実験する」「実証実験を通して試す」ことを繰り返す。これは、デザインスプリントでも述べたことと同様であるが、イノベーターは実験が得意である。

そしてイノベーターたちはこれら5つのスキルを磨くために、一般的な人材よりも観察や実験に1・5倍の時間をかけている。具体的には、社内のいろいろな部署に顔を出して議論したり、小さな実験的な商品・サービスを開発したり、エンドユーザーの観察に時間をかけているという。

以上のような5つのスキルのうち複数を持つ（持つ可能性がある）人材をアサインすることはアフターコロナのオープン・イノベーションの成否を分けるといえよう。

6-3 データ・ドリブン・マーケティングと商品企画

データ・ドリブン・マーケティングの肝は仮説構築

アフターコロナにおいてはＤＸの進化やＡＩ技術の発達、デジタル広告の進展、キャッシュレス社会の普及、ＥＣ需要の増加などによって、これまで以上に顧客のデータを保持する企業が増えていくことが予想できる。

その中で**データ・ドリブン・マーケティングを商品企画やサービス開発に活かすべき**という機運が高まってきている。データ・ドリブン・マーケティングとは、データを活用したマーケティング手法のことで、主にウェブマーケティングで利用される手法である。

IDC Japanが２０２０年8月4日に発表した「２０２０年国内ビッグデータ／アナリティクス市場　企業ユーザー調査」では、企業の売上規模別にデータ活用状況を示しているが、19年調査と比べて企業のデータ分析の活用状況は７％向上している。

図43　企業におけるデータ分析の活用状況

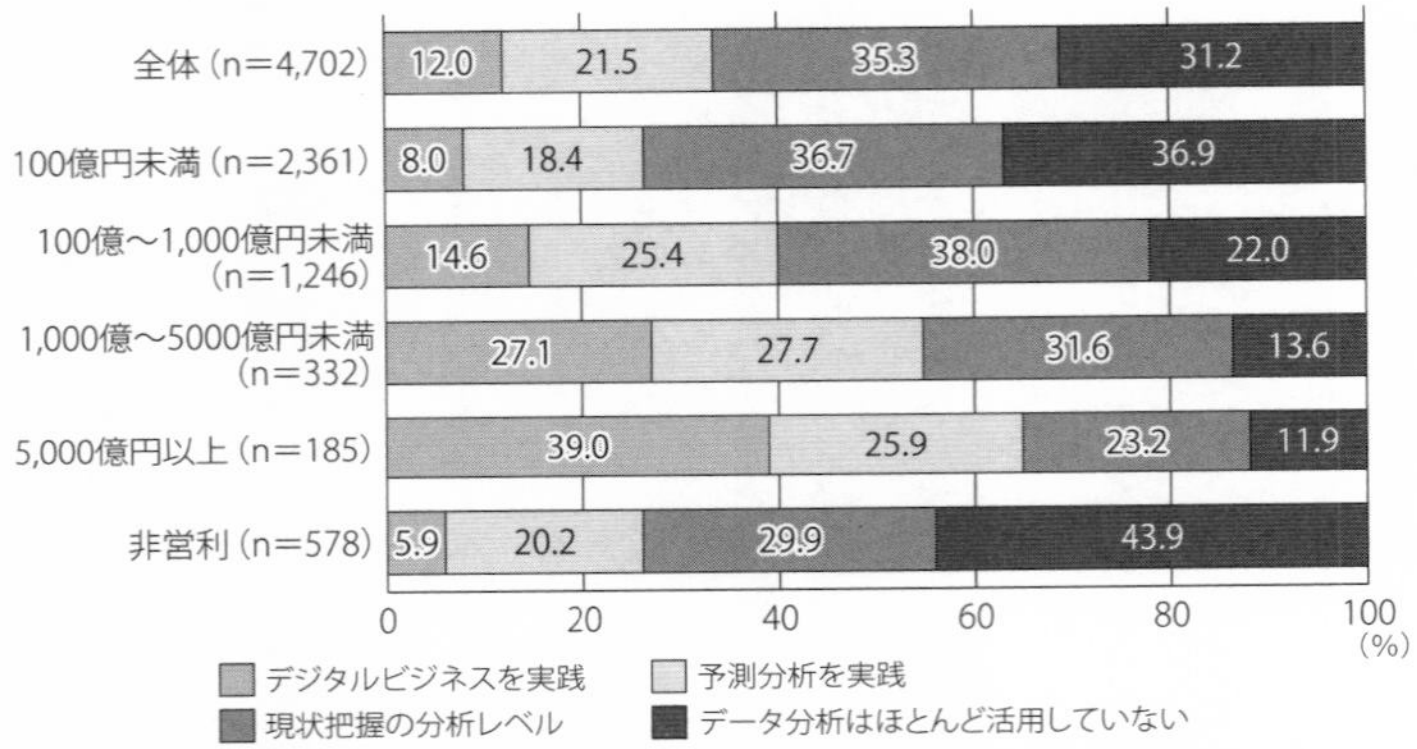

出典：IDC Japan HP「最新の国内ビッグデータ／アナリティクス市場 企業ユーザー調査結果を発表」
URL：https://www.idc.com/getdoc.jsp?containerId=prJPJ46750620

データ分析の状況は、全企業ではデジタルビジネスを実践している企業は12％にとどまっているが5千億円以上の企業では39％まで上昇している。

別の図表ではデータ分析に関連する予算はコロナ禍においても6割以上の企業が昨年から変化なし、もしくは増加させるとしている。

そもそもデータ・ドリブン・マーケティングの考え方が日本企業に広がったのは、USJの再生人であり現在は株式会社刀の代表取締役である森岡毅氏の『USJのジェットコースターはなぜ後ろ向きに走ったのか？』（角川書店）や『確率思考の戦略論』（角川書店）などの書籍からだろう。森岡氏は『確率思考の戦略論』の中で、顧客はそれぞれに好みがあるが、適切なデータ分析によりいくつかの好みにカテゴライズされること、商品企画をする中で企業は顧客のプリファレンス（好み）を取り合っており、顧客のプリファレンスがどのようなものかを分析するのがデータの役割であるとしている。他にも、直近ではＰＲ／クリエイティブディレクターで著名な三浦崇宏氏の『超クリエイティブ』（文藝春秋）の中でもデータ分析の重要性が語られており、データは傾向をつかみ、その傾向から戦略仮説を出すために必須で、この訓練が重要だと述べている。

森岡氏、三浦氏どちらにも共通するのは、データ・ドリブン・マーケティングの要諦はあくまで**戦略仮説の構築の良し悪しになること**である。つまり、企業はデータ・ドリブン・マーケティングを行うための専門組織を設けるといった組織設計を行っているが、一番大切なのはそのデータの解釈と仮説はＣＭＯやマーケターが行うべきであり、データエンジニアなどに丸投げをしてはいけないということである。元データ自体を統計的に処理し、それを理解できる形に加工するのにはデータエンジニアの力が必要だが、実際にデータの意味合いを理解するのは、マーケターの役割である。

また、先のIDC Japanの調査では、データサイエンティストよりもデータを加工・分析するデータエンジニアの数が不足しており、十分な数のデータエンジニアがいる企業は全体の7・2％にすぎないというデータが公表されている。大企業でも足りていないのであるから、中堅・中小企業ではいうまでもない。その場合は、元データを全部加工することはせず、TableauなどのＢＩツールを活用し、自身の目でデータ分析しながら、定量的なデータと自身の感覚や顧客の声とを比較する上で仮説構築をすることも有効であろう。エンジニアに加工してもらったデータでもＢＩツールを自身で加工したものでも、必ず自身で実際のデータを確認し、そこから仮説を立て、そして実際にユーザーなり商品なりで検証を行う。この仮説検証サイクルを素早く行うことが重要になる。

分析麻痺症候群に陥るマーケター

一方でデータが増えすぎてしまうと、データを加工・分析することが仕事になってしまって、実際の仮説を立てたり、アクションにつながらなかったり、といった本末転倒の事態が起こってしまう。この点をよく表したものとして、「分析麻痺症候群」という言葉がある。文字通り、分析することが手段であったはずが目的になってしまい、実際のアクションにつながらない企業のことを指す。

実は、この言葉は最近生まれたものではなく、１９８３年にトム・ピーターズとロバート・ウォータマンが『エクセレント・カンパニー』（英治出版）の中で示した言葉である。

図44　エクセレント・カンパニーの８つの要因

特徴１	行動の重視	特徴５	価値観に基づく実践
特徴２	顧客に密着する	特徴６	基軸から離れない
特徴３	自主性と企業家精神	特徴７	単純な組織、小さな組織
特徴４	人を通じての生産性向上	特徴８	厳しさと緩やかさの両面を同時に持つ

１９８０年代当時、日本企業がアメリカ企業を駆逐し始めており、トヨタやホンダ、ソニーといった会社がアメリカのビジネス界の話題の中心であった。そこで彼らは成功している日本企業を分析しながら、実は計数管理などの合理性や、人間性を無視した組織運営方法だけが成功要因ではないことに気が付いた。そして、日本企業と同様に成功しているＩＢＭや３Ｍ、Ｐ＆Ｇ、マクドナルド、ＨＰなどのアメリカ企業にも同様の共通点を探し出し、図44にある８つの成功要因としてまとめ上げた。

彼らは、そもそも方向を誤った分析、複雑すぎて実用にならない分析、厳密すぎて扱いにくく柔軟性のない分析、本質的に予知できない分析など、顧客にとって何の意味もない分析ばかりをしていて従業員が増大しているアメリカの大企業を見て、「分析麻痺症候群」に陥っていると述べたのである。

加えて、成功するためには、顧客に密着した行動を重視し、「Do（実行）→Fix（修正）→Try（思考）」というサイクルを早く回す俊敏性が必要としている。

現在、『エクセレント・カンパニー』の考え方は普及しており、いわれてみれば当たり前のことのように聞こえるかもしれないが、データ量がますます増大する中で、このような顧客を置き去りにした分析麻痺症候群に陥っている企業がどれほど多いか、そしてアフターコロナの情報爆発によってどれだけ増加するか、読者の企業にも当てはまるところが多数あると推察する。

データ・ドリブン・マーケティングの重要性は今後もますます増大していくと考えられるが、マーケターの方、ＣＭＯなど経営陣の方はあくまでアクションにつなげるためのツール、手段であることを肝に銘じていただきたい。

6-4 アフターコロナに商品企画担当者が担うべき役割

アグリゲーターとしての役割

ここまで情報共有の重要性について解説を行ってきたが、これに関連して、商品企画担当者は、アフターコロナにおいては社内外における情報を収集し、その声を理解できる形に翻訳した上で経営陣に伝える**アグリゲーターとしての役割が求められるようになる。**

アグリゲート（aggregate）は「集める、合計する」という意味の英語で、もともとはウェブメディア企業の一部をコンテンツ・アグリゲーターとして、さまざまなウェブサイトの情報を1つにまとめて統合したメディアを展開する企業として分類している。カカクコムやじげんなどが代表的な企業である。

一方で商品企画担当者個人として求められるアグリゲーターとしての役割には、前述のように社内外の情報を収集し、その声を社内の各部署に届けることがある。

アグリゲーターとブランドマネージャーの連携

図45を見ていただきたい。ブランドマネージャーが各ブランドの意思決定の責任者であるのと同様に、顧客の声を中心として社内外の情報を伝える中心的な役割を果たす。この社内外の声という点についてはブランドマネージャーとも連携しながら、商品企画をリードしていく必要がある。

研究開発組織内においてアグリゲーターとしての役割を求める場合には、より詳細な学術研究がある。アグリーメントの役割を研究開発論、テクノロジー・マネジメント論の中では、「**ゲートキーパー**」と呼ぶ。日本ではほとんど取り上げられてこなかった言葉だが、アフターコロナでこそ重要な意味を持つ役割である。

ゲートキーパーという概念は、今から40年前の1977年にトマス・アレンが『Managing the Flow of Technology』の中で提唱したものである。アレンは1963年から73年までの10年間に行われた研究開発をもとに、研究開発組織内には組織外との接触頻度がはるかに多く、外の情報を社内に流してくれる少数の核となる人材がいることを突き止めた。ゲートキーパーは情報感受性が強く、外部接触も多く、文献や外部リサーチなどの読書量も多い研究家でもある。ゲートキーパーは研究所内を歩き回り、他愛もない話をしながらコミ

図45　アグリゲーターの役割

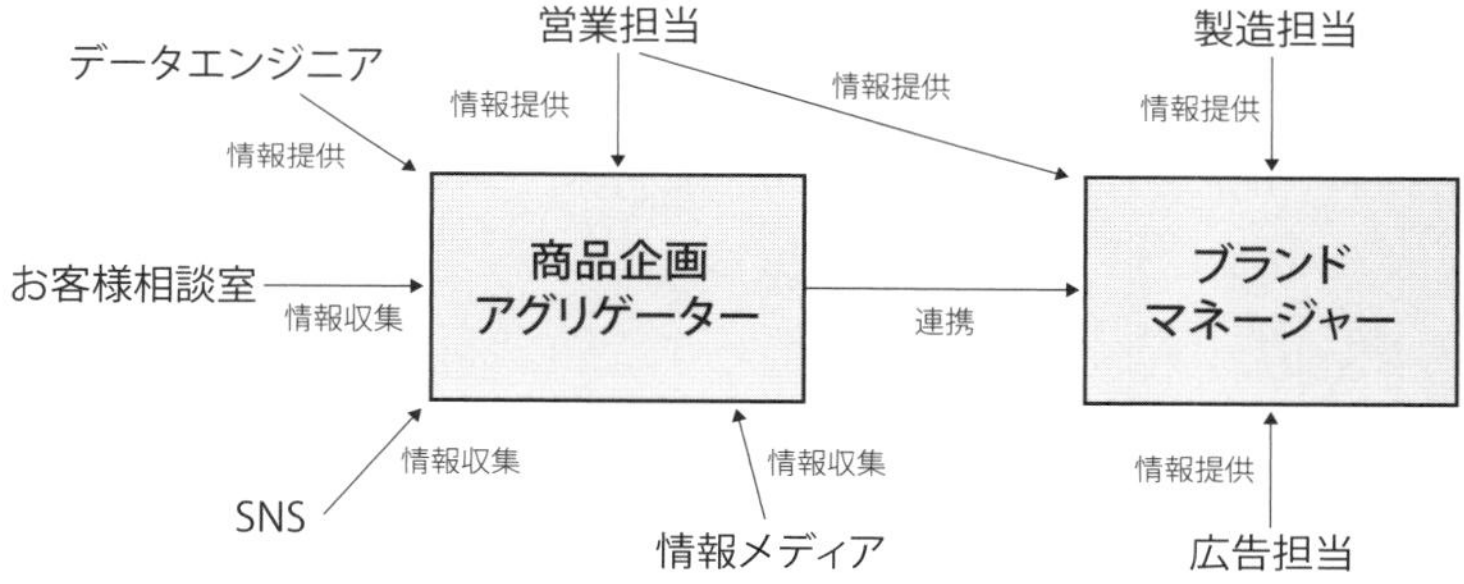

ユニケーションの輪を広げ、自分のグループ以外とも関係性を強めているのが実は研究パフォーマンスの高い技術者でもあることが明らかになった。

そしてどの人材がゲートキーパーなのかは、誰と誰がつながっているのかを質問し、社内の組織における情報の流れを示す、「コミュニケーション・ネットワーク」を描くことで、誰とでもつながっている中心的な少数の核を見つけられる。現代であれば、チャットのやりとりを分析することで、簡単に描くことも可能だろう。

アジャイル型の商品企画組織を構築する

アフターコロナにおいては、アグリゲーターもしくはゲートキーパーの役割を身に付けることで、短期間で商品を企画し、販売まで到達することができるようにする必要がある。したがって、商品企画組織をひとつひとつの手順を踏まないと開発できないウォーターフォール型ではなく、**アジャイル型の組織に変革するべき**である。なぜなら、再三述べているように、変化を自社で起こすにも、変化をフォローするにも、すぐに商品を送り出せる組織が必要だからである。

実際にファストファッション業界のトップであるZARAの商品企画組織は、2週間で新商品を市場に投入できるという。これならば、顧客の変化が起きる前に商品を売り切ることができ、長続きすれば商品をリスクなく在庫にすることも可能である。

ちなみに、アジャイルとは俊敏性のことで、システム開発の分野において詳細な要件を決めてから機能設計をして、それを細かくテストする方法ではなく、まず小さな単位でリリースし、それを修正して再度リリースする手法として、グーグルやフェイスブックなどのシリコンバレーのベンチャー企業から普及してきた。このアジャイル型の開発を商品企画にも応用することで、より機動的な企画から開発までを行うことができるであろう。

デザインスプリントも有効であるが、あくまで多様性のある小さなチームで行うことに意味があるので、商品企画組織全体を考える場合には、アジャイル型の組織を構築するほうが適している。

図46　アジャイル型の商品企画組織の業務の流れ

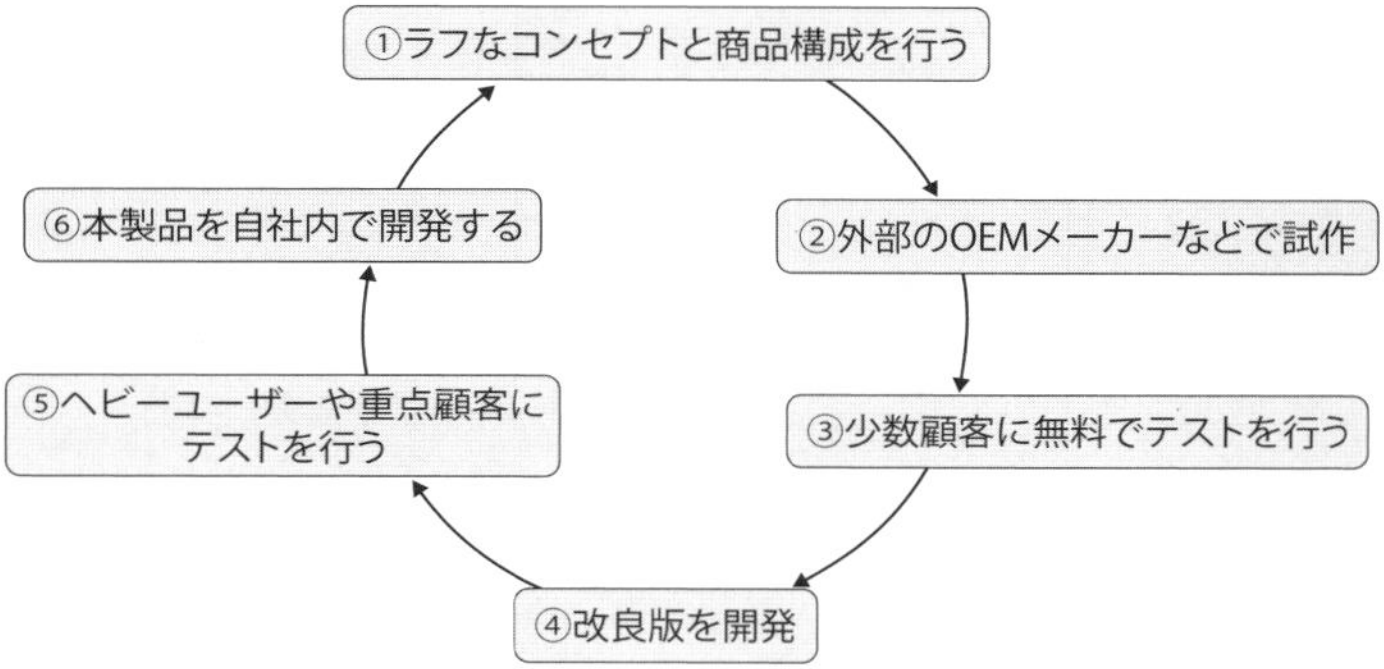
①ラフなコンセプトと商品構成を行う
②外部のOEMメーカーなどで試作
③少数顧客に無料でテストを行う
④改良版を開発
⑤ヘビーユーザーや重点顧客にテストを行う
⑥本製品を自社内で開発する

アジャイル型で商品企画を行う手順

図46を見ていただきたい。これは、アジャイルな商品企画を行うための最適な方法についてまとめたものである。

まず、顧客の課題を特定し、そのための商品コンセプトと競合の製品などを参考にラフなイメージの商品を決定する。

次に、ＯＥＭメーカーなど外部の業者を使って小ロットで試作品を開発する。デザインなどもフリーランスのデザイナーなどに作成してもらえば良く、クラウドソーシングサイトを利用すれば数日で見つけることができる。

３番目に、その小ロットの製品を無料で顧客に提供する。この顧客の集客は既存顧客でも、インフルエンサーなどのＳＮＳからの集客でも良い。顧客には商品を無料で提供する代わりに、ラフな製品案への要望を大量にフィードバックしてもらう。

4番目に、このフィードバックをもとに再度OEMメーカーに改良版を依頼して、その次に中ロットで開発を行う。その後、ヘビーユーザーなどの主要顧客に商品をテストしてもらい、感想とフィードバックをもらう。

そして最後に自社工場で開発して全国的に展開していく、という流れを作ることで、時間とコストを減らしながら、顧客の要望もフィードバックしてもらった商品を企画できる。

以上のように、アフターコロナの商品企画担当者にはアグリゲーターとしての役割、そしてアジャイル型の組織体制が求められることは間違いないであろう。

第7章

アフターコロナのPR・広告

7-1 広告は今後も〝企業の血液〟となる

どんな企業にも広告は必要不可欠

第1部において、PR、広告、ブランディングの違いについて解説し、企業の差別化要素がブランディングへと移っていくことも示した。ただし、当たり前だが、PRも広告も重要であることに変わりはない。

そこで、本章ではPRと広告のアフターコロナにおける戦術を中心に解説を行っていく。本節では**アフターコロナにおける広告のあり方**について考えていこう。

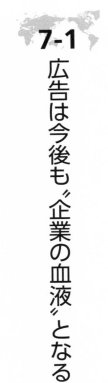

そもそも広告とは、顧客に自社の良さをアピールするものだと紹介した。その方法は既に解説してきた通り、紙媒体からウェブメディア、SNS広告、ティックトックやユーチューブなどのアプリまで幅広いものがある。

当たり前のことだが、ここまで解説したように、素晴らしいブランド価値を構築・管理し、優れた商品を開発するところまでたどり着いたとしても、それが顧客に認知されなければ、絶対に売れることはない。

そして、最初から売れていない商品をPRすることは極めて難しいことから、どの企業のどのフェーズにおいても**新規商品や新規サービスについては広告が必要**になる。このことは世界的な企業でも、小さな町をターゲットとする企業でも必ず成り立つ原則である。これは経営では至極、当たり前の話である。

しかしながら、この当たり前のことが、特に中小企業やメーカーにおいては忘れ去られているケースが多い。よく中小企業のマーケティング担当者から「広告予算が少ない」という話を聞くが、そうした場合、彼らのアイデア不足でうまくできていないこともごくまれにあるものの、大半の場合は本当に予算が雀の涙ほどだったりする。

森岡毅氏は、『USJを劇的に変えた、たった1つの考え方』（角川書店）の中で、「日本企業はマーケティングが弱い」と述べているが（このことは森岡氏のいくつかの本で何度も指摘されているが）、筆者はコロナ禍でもこの指摘は変わらずに当てはまっていると考える。

広告予算が少ない理由

では、なぜ広告の予算が出ないのだろうか。その原因は、これらの企業では「いいものを作れば売れる」「広告よりも営業のほうが効率的だ」という昭和的価値観が、令和の時代においても残っているからである。日本はモノ作りで伸びてきた国、という昔からの思いが色濃く残っており、中小企業のオーナーの中には、「広告を出しているのは商品に自信がないからだ」と言う人までいる。

確かに、「良いもの」でなければ顧客に自信を持って売ることはできないであろう。しかし、良いものであるからといって自動的に売れるわけではない。口コミが大事だという人がいるが、口コミが起きるためには商品特性にもよるが、そもそも一定数のユーザーへの販売が必要になる。化粧品や家電などの業界を除いて、口コミをしてくれるユーザーは一定割合でしか存在しないことが多いからである。

だからこそ、一定のシェアをとり、顧客からの認知度を得られる、マーケティング用語でいうクリティカル・マスを超えるまでは、**こちらから顧客にアプローチしていく必要がある。**

コロナ下における広告のあり方

しかも問題はそれだけではない。厄介なことに、現在はウィズコロナの巣ごもり消費時代であり、得意先や顧客への訪問営業や店舗での対面販売も難しい。Ｂ２Ｂ企業で電話セールスをしようとしても、そもそも顧客が出社していないのだから、これまでは１００件電話営業できていたのが、その10分の１しかできないという事態になっている。また、突然のアポイント訪問を嫌がる企業も多い。Ｚｏｏｍやベルフェイスなどを活用した法人セールスは増加しているが、これができるのは既にメールアドレスなどを取得できている場合に限られてしまう。

さらにいえば、多くの業界では業績が悪化して賞与がカットされており、外にわざわざ出歩いて街中でショッピングする人も少ない。だからこそ、今、巣ごもりをしている顧客に、Ｂ２ＢでもＢ２Ｃでも、対面以外の方法で認知度を図る必要がある。

では、具体的にこの巣ごもり消費時代、そしてその後のアフターコロナの時代にどのような広告を打っていけば良いのだろうか。

まず重要な考え方として、**広告は企業の血液のようなもの**ということである。広告は企業活動をスムーズに動かしていくものなので、飲食店や観光業といった定期的な営業自粛を迫られ、そもそもの活動が難しい業界を除いて、急速に減らすのは得策ではない。もし競合が広告を止めていなければ、止めてしまった企業だけが顧客から忘れられていくだけでなく、企業に必要な顧客の売上げという血液も枯渇していく。

電通インターナショナルが２０２０年10月26日に公表した「ＣＭＯ調査２０２０」によると、世界のＣＭＯ１３６１名のうち、62％が直近の12カ月はマーケティング予算を削減もしくは横ばいにすると回答している。ここで注目すべきなのは、直近12カ月間ということと、削減もしくは横ばいにするという点である。

1点目だが、直近12カ月後だと、新型コロナウイルス感染症に効くワクチンが開発されていない、もしくは仮に開発されていても、まだ十分な量が市場に出回っていないウィズコロナの段階である。ウィズコロナにおいては予算を横ばいにしておくことは、企業体力に合わせて取り得る選択肢のひとつである。

2点目に、削減もしくは横ばいにする点については、19年の同調査では直近の12カ月でマーケティング予算を増やすと答えた企業が41％であったことからすると、実はそこまで減少していないことがわかる。

さらに、図47の電通インターナショナルが公表している規模別のマーケティング予算の変化を見ると、より詳しい洞察が得られる。

図47　規模別のマーケティング予算の変化

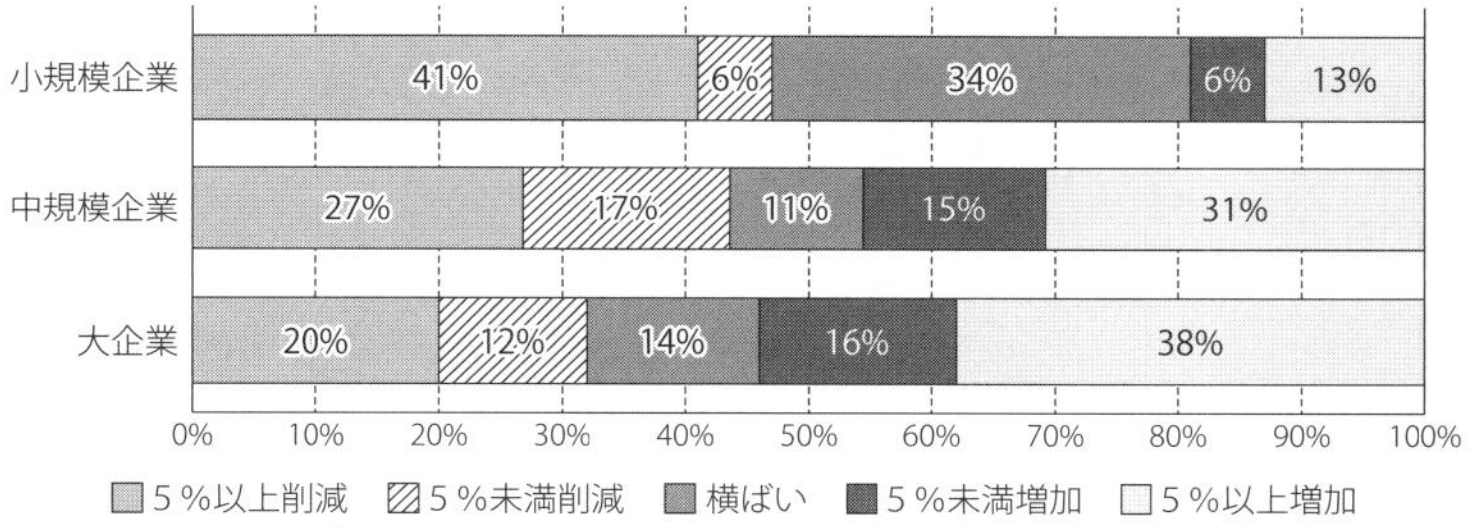

出典：電通インターナショナル「CMO調査 2020」

これを見ると、従業員千人以上の大企業では38％の企業が５％以上マーケティング予算を増加させており、16％が５％未満増加するとしている。つまり大企業ではマーケティング予算は増えているのである。したがって、読者の企業が大企業であれば、前述のように、マーケティング予算を下げていては、競合に顧客をとられてしまってもおかしくない。

一方で、小規模企業では、41％の企業がマーケティング予算を５％以上削減する予定である。しかし小規模企業であっても、34％が予算が横ばいになっており、19％の企業はマーケティング予算をこのコロナ禍でも増加させると回答している。

以上のように、マーケティングは企業の血液であり、企業環境が厳しい時代にも安易に減らすべきではないことが理解できるだろう。

ウィズコロナの広告予算における3つのポイント

以上のことを理解した上で、ウィズコロナの広告予算について、いくつかのポイントを紹介しよう。

まず1点目は、**安全性についての広告**である。顧客がウィズコロナで気にしているのは、清潔・安全な商品なのかどうかである。もしコロナに感染したらどうしようという思いは強いので、工場での安全管理や提供者の体調管理など、企業が気を付けている安全対策、感染症対策については、十分な広告メッセージとなり得る。

2点目は、**紙媒体やテレビ媒体の有効な利用**である。紙媒体は自宅にいる巣ごもり顧客に直接アプローチすることができる。特にB2Cならば、紙媒体のポスティング広告は効果があるであろう。同様に家にいる人が多いからこそ、テレビ媒体や動画広告も有効である。

テレビ媒体や動画広告については、B2B企業でも利用することができるので、予算に余裕がある企業は、選択肢のひとつにすると良い。現在であれば、「ノバセル」や「XICAADVA」といったスポットで広告を打つことができるものもあるので、小さな予算であっても効果検証をすることができる。その際には、売上向上効果だけでなくCM顧客の認知度や好感度がどのように変化するのかを把握するために、事前にネットアンケートなどで放映前のデータを取得しておくことが望ましい。

3点目は、少予算でPDCAを回せる**ウェブマーケティングの活用**である。前述の通り、ウェブマーケティングは小さな予算から出稿することができるだけでなく、ウィズコロナで各プラットフォームが一定の出稿額までは広告予算を無料で利用できることもある。

そこで、自社がこれまでターゲットとしていなかった顧客への広告では、小規模予算からできるウェブマーケティングは重宝する。中小企業やB2B企業などでSNS広告を行ったことのない企業の場合、簡単に設定できるものも多いから、広告代理店を利用する前に、自社で利用してから相談することが好ましい。

ややテクニカルな話になるが、アマゾンのスポンサード広告も急成長していることから、D2C（ダイレクト・トゥ・コンシューマー：小売店を介さず最終顧客に直接商品販売を行う企業）だけでなく、B2B、B2C問わず活用を検討するべきであろう。

ウィズコロナが終わり、アフターコロナの時代においては、ウィズコロナと同様に感染症対策についてのメッセージ、そしてウィズコロナでどのようなことを大切にしたのかというメッセージは必要であるが、より企業の顧客獲得に寄与する広告に変えていく。

顧客の消費マインドが落ちていたとしても、日本人の現預金は過去最高を更新していることから、懐に余裕はある。そこで顧客獲得が期待できるアフターコロナでは、メッセージを従来のような**顧客獲得を目的としたものに戻すべき**である。

そして、他社よりも早く広告量を増加させることで、後発企業でも一気に先発企業を追い抜くことも可能である。したがって、重要なのは広告増加に向けたアクセルを踏むタイミングである。筆者は２０２１年下半期頃から22年上半期までの１年間がターニングポイントだと考えている。

広告は売上げを上げるための血液であることを再認識いただいた上で、ウィズコロナだからといって安易に広告予算を減らすことがないように注意してほしい。

7-2 企業PRとしての公式アカウント活用

SNSならば一律に、かつ自由に全国どこでも情報を届けることができる

前節ではウィズコロナを中心に広告のあり方とポイントについて解説をしたが、本節ではPR手段のひとつとして、**ツイッターやインスタグラム、フェイスブック、LINEなどの公式アカウントをどのように活用していけば良いのか**解説をしていこう。

ウィズコロナにおいてこれらのSNSアカウントを運用するメリットは、2点ある。

1点目は、巣ごもり顧客やテレワーク、ワーケーション中の顧客に対しても、**一律かつ自由に全国どこでも情報を届けることができること**である。さらに、顕在顧客にも潜在顧客にも同時に情報を送り届けられる。顧客とのコミュニケーションとしても利用できるし、宣伝でも利用できる。

先に述べた広告の利用がさまざまな理由で難しい企業であっても、企業アカウントであ

れば、（登録数に応じて課金があるＬＩＮＥ公式アカウントを除けば）コストもかからないことから、ウィズコロナのマーケティングにはうってつけである。

ただし、企業アカウントの運営は簡単ではない。では、人気アカウントの担当者が何を考えて運用しているのか、このことを公開した本がある。それは、日経トレンディ、日経クロストレンド編『自由すぎる公式ＳＮＳ「中の人」が明かす企業ファンのつくり方』（日経ＢＰ）である。ツイッターのフォロワー数41・2万人を誇る人気アカウントのキングジムをはじめ、コロナ禍でも人気の企業アカウントを運営している「中の人」の紹介がなされている。この本を見ると、企業アカウントは顧客に支持してもらうためにさまざまな工夫を行っているが、その中でもツイッターの企業アカウントが支持されるのは、企業という無機質な存在ではなく、企業の「人」が日々悩みながら運用しているというイメージが伝わり、安心感を与えているからだとわかる。

そして、そのようなユーザーに対して情報を届けることで、企業や顧客間でのつながりに貢献する特徴がある。たとえば、沖縄のビールメーカーであるオリオンビールがコロナ禍でビール需要が減少した中、ツイッターの活用でＥＣ売上げを50倍にした事例が２０２０年10月９日の『MarkeZine』の記事（「外出自粛でも沖縄とビールの楽しさを届ける　ＥＣ売上約50倍の成長に貢献したオリオンビールのＳＮＳ戦略」）で紹介されている。オリオンビールでは県内企業とのコラボレーションを行い、飲食店の助け合い企画とユーチューブによるライブ配信コンテンツを提供したことで、顧客のエンゲージメントが大きく向上したという。

ＳＮＳでのつながりは、既存のつながりよりも緩いつながりになることから、すぐに売上げにつながる可能性は低いかもしれないが、顧客の意思決定の際にはそのことをサポートする効果があり、オリオンビールの事例のように、大きく売上げに貢献する可能性も十分あることがわかる。

SNSアカウントの運用がますます重要に！

ウィズコロナにおいてＳＮＳアカウントを運用するメリットの2点目は、在宅時間が長くなることで、顧客がＳＮＳツールを見る可能性も高くなることから、**これまで真剣にSNSに取り組んでこなかった企業にもチャンスがある点**である。

マーケティング調査会社のヴァリューズが２０２０年9月8日に公表した「withコロナで変化する消費者意識を調査」によると、回答者全体の70％が在宅時間が増えたと回答しており、在宅時間が増える前よりも情報収集の時間が増えたと答えた人は54・８％にものぼる。これは、企業アカウントの運用を改めて見直す機会になる数字であろう。

さらにＳＮＳの投稿は広告のようにフローではなくストックされていくので、日々の努力が後々指数関数的に効いてくる効果もある。また何気ないつぶやきからヒットが生まれることもある。

では、具体的にはどのような情報が見られているのだろうか。表11を見ていただきたい。これによると、ＳＮＳによって情報収集を行い、さらには実際の行動にまで移したものは、オンラインセミナーや投資、料理、フィットネス、美容、ハンドメイド、婚活、習い事など多岐にわたる。オンラインセミナーが増加していることから、Ｂ２Ｂ企業も企業アカウントの運用は重要であることが見て取れる。

各ＳＮＳの特徴を理解して運用する

この調査ではＳＮＳと大きなくくりになっているが、重要なのは**各ＳＮＳの特徴を理解することである**。どのＳＮＳでも成功できるといった万能な方法はない。

たとえばインスタグラムは、**若者層をターゲットに、かつ広告や商品紹介として割り切って利用すること**が求められる。インスタグラムは２０２０年10月30日にライブ配信時間

表11　在宅時間が増えたことで実践したことを調べた媒体

在宅時間が増えたことで実践したこと	情報収集媒体(%)					
	テレビ・新聞・書籍	インターネット	SNS	動画・アプリ・スマートフォンアプリ	店頭・口コミ・メールマガジン	情報収集媒体あり・計
オンラインセミナー参加	5.9	39.2	18.6	32.8	41.1	91.4
投資	28.1	64.4	13.1	39.3	14.4	90.7
料理・自炊	26.8	50.4	20.8	41.2	15.6	86.6
自宅でできる運動（筋トレ・ストレッチなど）	25.6	25.6	16.5	49.0	12.1	84.1
英会話（オンライン英会話）	6.4	36.0	5.2	37.0	11.0	84.1
自宅でできる美容（脱毛・スキンケアなど）	15.2	49.4	28.8	21.4	19.5	81.1
有料動画配信サービス	17.5	44.8	16.1	28.5	15.2	79.8
裁縫・ハンドメイド	21.4	34.2	20.6	38.7	16.7	79.2
資格取得・勉強	30.1	43.8	6.4	17.3	13.9	78.3
その他	13.0	44.2	15.4	37.1	15.2	76.3
ガーデニング・家庭菜園	19.0	41.9	7.8	21.6	28.5	75.7
子どもの教育	22.4	44.5	9.8	23.4	21.7	75.6
転職活動	13.4	55.1	1.3	24.8	9.4	75.0
婚活・恋愛	10.2	35.9	17.4	37.7	12.0	72.7
副業	13.4	42.6	11.0	24.5	14.0	71.6
地方移住・引っ越し	5.4	57.3	-	15.3	16.1	64.0
習い事	9.6	30.1	11.9	13.9	17.9	63.6
部屋の模様替え	19.5	29.8	14.8	16.5	19.0	58.3
部屋や家の掃除・断捨離	17.8	28.1	12.5	14.9	11.2	49.6

（n＝4,643　※在宅時間の増加をきっかけに実践したことがある人）
出典：ヴァリューズ「withコロナで変化する消費者意識を調査」2020年９月８日

の上限を最大1時間から4時間に延長すると発表しており、ウィズコロナ、そしてアフターコロナの世界において、より商品PRの場としての重要性が増すと考えられる。

では、具体的にはどのようなシーンでインスタグラムが活用されているのか見てみよう。SHIBUYA109lab.が2019年10月に調査した「around20のハッシュタグの使い方を徹底調査！」によると、15〜24歳の女性ユーザーのうち遊びに行く場所の検索にインスタグラムを利用すると答えた人は82・9%にものぼり、ツイッターの32・7%を大きく上回る。また、インスタグラムのハッシュタグ検索を利用するシーンとしては、カフェ選びやファッション、メイク、趣味などとなっており、これらに関連する企業にとってはインスタグラムが重要なPRツールになり得る。ちなみにインスタグラムの利用者のうち43%は男性であり、男性向けのPRでも十分効果が期待できる。

フェイスブックは、30代以上のビジネスパーソンの利用が多く、**企業の理念やアイデア、社内情報、採用情報などをPRすることに効果がある**。フェイスブックは原則として実名制のため、友人間のシェアによるユーザーのエンゲージメントが多いこと、動画や文章とあわせて自社サイトなどに誘導しやすい特徴がある。

フェイスブックの活用例として参考になるのが、デザイン制作会社とデザイン学校を運営するLIG.incである。同社は主にB2B顧客をターゲットにしているが、担当者がコンテンツを企画し、個人の名前で投稿することで、フェイスブックの特徴を活かした、拡散が起きやすいコンテンツを制作している。

ＬＩＮＥは、２０２０年10月時点で国内に８６００万人のアクティブユーザーがいる巨大プラットフォームであり、日常のメッセージでやりとりを利用しているユーザーが多い。そのため顧客からの注文や質問への回答、キャンペーンの情報提供など**購入に関連するやりとり**に効果がある。

このようにそれぞれの特徴を見極めた上で、まずはどの媒体を利用するかを検討していただきたい。

実はＳＮＳ活用のメリットにはもうひとつ効果がある。先の『自由すぎる公式ＳＮＳ「中の人」が明かす企業ファンのつくり方』の中において、セガの担当者の方がＳＮＳ運用を地道に行ってきたことで、上層部もＳＮＳを利用するようになり、顧客の声を傾聴する文化ができたと語っている。顧客の声を重視することは既に何度か解説してきているが、なかなか経営層まで届かないことも多い。しかし、ツイッターなどでは顧客の声がそのまま文字に残るし、いつでも誰でも見ることができる。

読者がＰＲ・広告担当者で、経営層が顧客の声をなかなか聞き入れてくれないという悩みを持つのであれば、なおさらＳＮＳ活用を積極的に行っていくべきであろう。

7-3 アフターコロナでの動画コンテンツ活用法

後発企業でもユーチューブ広告ならば勝つチャンス大

ここまで主にSNSメディアにおけるPRについて解説を行ってきた。

ここからは**ユーチューブを中心とした動画コンテンツを広告・PRとしてどのように活用するか**について解説していこう。既に詳しい方は読み飛ばしていただいて構わない。

ユーチューブは前述のように、広告媒体と企業アカウントによるPRの場という2つの利用方法がある。

広告媒体としての利用方法については、他の広告媒体と同様だが、グーグル広告内でユーチューブ広告を出稿することができるため、グーグル広告を既に利用しているユーザーにとっては利用しやすい。

さらには、第1章でも述べたように、まだユーチューブ広告にお金をかけている企業が少ないことから、巣ごもりで動画の視聴時間が長くなっている今だからこそ、ウィズコロナ、そしてアフターコロナの初期段階では後発企業でも十分に勝つチャンスがある。

調査会社のニールセンデジタルが2020年6月3日に公表した「ニールセンモバイルネットビュー」のデータによると、2020年3〜4月の投稿動画アプリ（ユーチューブ、ティックトック、ニコニコ動画）の月間平均利用時間は全体で59分増加し、9時間18分にのぼった。

特に顕著だったのが18歳から34歳までであり、この層は1カ月の平均利用時間が2時間44分も増加。この数字は1日当たり5分延びた計算になる。一方で、それ以外の層の増加は1カ月20分増加とあまり変化がない。

調査が緊急事態宣言の半分の影響しか入っていないため、今後発表される数値ではこの値はもう少し大きくなることが予想される。さらにはアフターコロナの世界では、より投稿動画の数、ユーザー数の裾野は広がってくることから、ユーチューブ広告の効果はより上がってくるであろう。

なお、ユーチューブの広告は2020年12月現在、表12のように5つの出稿形式がある。はじめて広告掲載をする場合には、再生中や再生前後で表示されるバンパー広告、ユーザーにアクションを促すことができるディスカバリー広告が適しているであろう。

表12　ユーチューブ広告の５つのパターン

	インストリーム広告	ディスカバリー広告	バンパー広告	アウトストリーム広告	マストヘッド広告
表示箇所	YouTubeの動画ページもしくはGoogle動画パートナーサイトやアプリに表示される広告	YouTubeのトップページ、検索結果、関連動画部分に表示される広告	動画再生中や前後で表示される６秒以下の広告	YouTube以外のサイトやアプリなどのGoogle動画パートナーサイトに配信される広告	YouTube上で最も目立つ、PC上では左上、スマホでは最上部に表示される広告
特徴	５秒間経過されることでスキップ可能な広告と、15秒以下のスキップ不可の広告がある	サムネイルと広告文を見て興味を持ったユーザーが視聴するため、ユーザーのアクションにつながりやすい	ユーザーが広告をスキップすることができない	YouTubeユーザー以外にも動画広告配信が可能	大幅リーチの拡大または認知度の向上を実現できる手法

ユーチューブを企業ＰＲとして活用する

次に、ユーチューブを企業ＰＲとして活用する場合について解説しておこう。

ユーチューブの企業公式アカウントの登録数を分析すると、上位には音楽やゲーム、アニメ、ニュースなどのエンタメ系のコンテンツが占めており、実は純粋な企業アカウントは登録数を稼ぐことが難しいことがわかる。

表13を見ていただきたい。企業公式アカウントのユーザー数上位20位までを挙げているが、エンタメ以外の企業アカウントとしてはメーカーのシマノが開設している釣りチャンネルが33・５万人（２０２０年12月１日現在）で51位にランクインしているのが最高位である。次にａｕが30・４万人で55位、京楽が30万人で56位となっている。ちなみに、32万人

表13　ユーチューブ企業公式アカウントの登録数ランキング

順位	アカウント名	登録数	順位	アカウント名	登録数
1	avex	549万人	11	ポケモン公式YouTubeチャンネル	157万人
2	UNIVERSAL MUSIC JAPAN	419万人	12	ディズニー公式	146万人
3	The Official Pokemon YouTube channel	380万人	13	KADOKAWAanime	146万人
4	THE FIRST TAKE	292万人	14	YouTube Japan 公式チャンネル	137万人
5	Warner Music Japan	243万人	15	タカラトミー TAKARATOMY	125万人
6	シネマトゥデイ	198万人	16	maidigitv	124万人
7	Sony Music Japan	188万人	17	TOHO animationチャンネル	123万人
8	Nintendo 公式チャンネル	167万人	18	東映特撮YouTube Official	121万人
9	しまじろうチャンネル（YouTube）	163万人	19	oricon	113万人
10	GundamInfo	161万人	20	876TV（バンダイナムコエンターテイメント）	112万人

出典：User Local YouTubeランキング
URL：https://youtube-ranking.userlocal.jp/enterprises/1

の登録者数だとすると、国内の全チャンネルからすると、１２００位前後になる。

このように大企業でＢ２Ｃの企業でも登録数は30万人程度にすぎず、知名度に劣る中小企業が多くの登録数を獲得するのは至難の業である。では、どのようにすれば良いかといえば、登録数を増やすことを目標にするのではなく、**ユーザーへのリーチ数を増やすことを目指す**のである。

ユーザーが公式チャンネルに登録してくれるかどうかは、動画のクオリティ以外の要素も影響するが、どれだけのユーザーにリーチできたかをＫＰＩにすれば、ユーザーとのエンゲージメントを測ることができる。その際には総再生回数を登

表14　ユーチューブ運用の参考となる企業アカウント

	アカウント名	登録数	再生回数	再生回数／登録数
1	サントリー公式 チャンネル	25万人	2億3,448万回	937
2	Panasonic Japan	10万2,000人	2億1,263万回	2,084
3	Glico Japan江崎グリコ公式	7万1,400人	1億2,917万回	1,809
4	コカ・コーラ	5万9,600人	4,630万回	671

各社YouTubeの公式ページによる（2020年12月１日時点）

録者数で割った数値が低いことで登録ユーザーへのエンゲージメントとして測ることも可能であるし、登録ユーザー以外への拡散を目標とする場合には、その数値の高さでエンゲージメントとして数値を追うことも可能である。

チャンネル登録数が少なくても再生数を増やすことはできる

ユーチューブ運用の参考となる企業アカウントについて表14にまとめた。

たとえば、コカ・コーラの公式チャンネル登録数は５万９６００人と、企業規模・知名度から考えると少ないが、総再生回数は４９３０万回であり、再生数の少ないものから再生数が非常に多いものまで多数アップロードし、それぞれのユーザーの好みに合わせて投稿することでＰＲを行っている。ちなみに２０２０年のコカ・コーラ公式チャンネルの１カ月の投稿数は、10から14動画である。２０２０年10月26日に公開された動画は、

「渋谷コークビジョン誕生」というタイトルで、渋谷のQFRONTにコカ・コーラのデジタルハイビジョンが設置された旨とその映像を紹介する1分強の動画である。

表14の４社のデータから再生回数を登録数で割った数値がコカ・コーラで６７１、Panasonic Japanで２０８４と大きな差がある。Panasonic Japan視点では、登録者以外のさまざまなユーザーにリーチできていることになり、コカ・コーラ視点では、登録者にしっかりと再生されているといえる。どちらが良いとは一概にはいえないが、前述の通り、どちらを目標として追求するかによって方向性を決定するべきである。

このようにコロナ禍で店舗での販売が難しくなっている中で、ユーチューブを活用し、ユーザーのエンゲージメントを獲得することは、ＰR要素だけでなく、顧客獲得の大きな方法となる。

7-4 アフターコロナの重要キーワード「ウェブアクセシビリティ」

ウェブアクセシビリティとは？

ここまで顧客やコンテンツの視聴者を獲得するための方法について解説を行ってきたが、本章の最後にアフターコロナ以降の世界で重要になる「**ウェブアクセシビリティ**」について解説をしていこう。

まず、ウェブアクセシビリティとは、高齢者や障害者など心身の機能に制約のある人でも、年齢的・身体的な条件にかかわらずインターネットで提供されている情報にアクセスし、利用できることを指す。これまでも高齢者や障害者にとって、ウェブは重要な情報源だったが、コロナ禍で出歩くことが難しくなった現在、よりその重要度が増している中で、アクセシビリティが重要なキーワードになっている。

図48を見ていただきたい。２０１５年に３３８６万人であった65歳以上の人口は、20年

図48　日本の総人口の推移

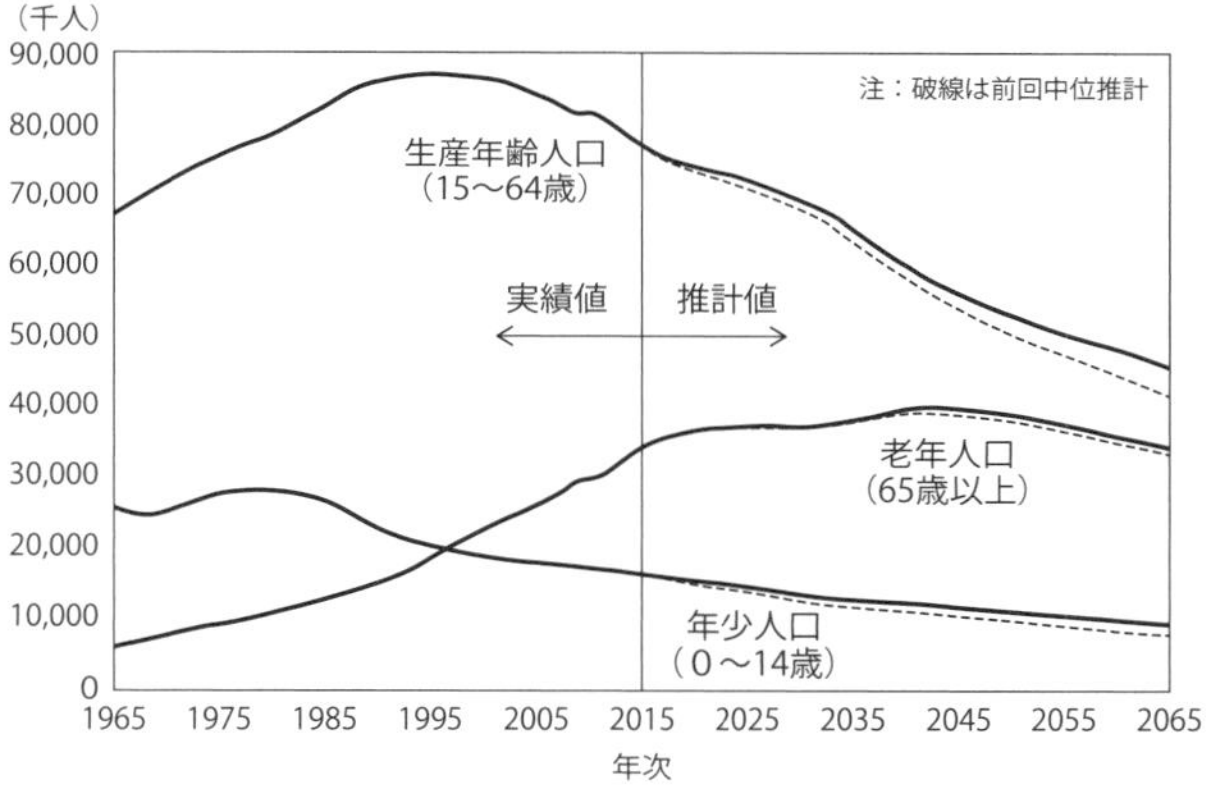

※出生率中位・死亡中位のデータを用いた
出典：国家社会保障・人口問題研究所「日本の将来推計人口（平成29年推計）」
URL：http://www.ipss.go.jp/pp-zenkoku/j/zenkoku2017/pp29_ReportALL.pdf

には３６１９万人、アフターコロナの25年には３６７７万人と、この10年間だけでも、約３００万人も増加する。

また、人口に占める65歳以上の高齢者が増加するスピードは25年にピークアウトすることがわかる。10年後の30年には３７１６万人にのぼるが、この数値は40万人程度の増加にとどまる。

さらに、障害者の数も現在は増加傾向にある。図49にその内訳を示している。これを見ると、身体障害児・者の数はこの15年で90万人ほど増加しており、この層がまずインターネットの快適なアクセスが困難であると考えられる。他にも知的障害児・者の数は約60万人、精神障害者数は１４０万人近く増加している。

図49　障害者数の推移

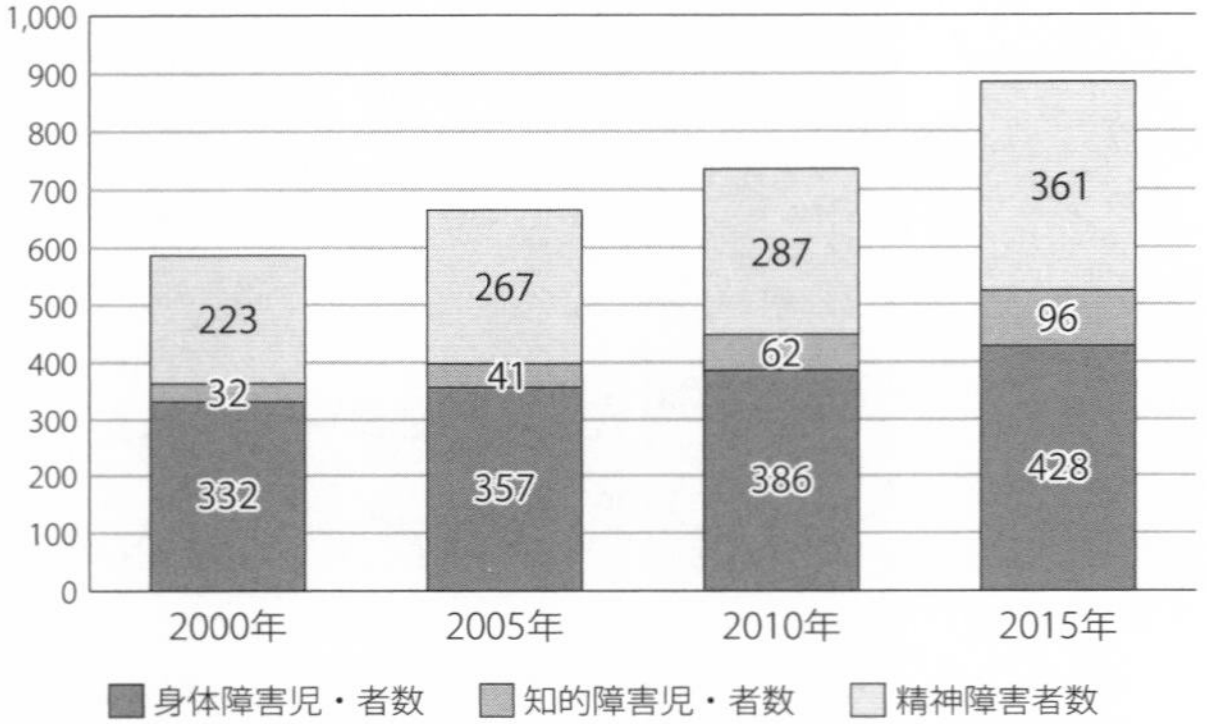

※各統計の取得年が異なるため、推計値
出典：内閣府『令和元年版　障害者白書』

高齢者・障害者数増を見据えたサイト構築が重要

以上のように、高齢者・障害者の数が増加しているというマクロ要因に加えて、多くの高齢者・障害者もインターネットでより快適に情報を得、そして情報をやりとりすることができるように、アフターコロナを見据えて、PR担当者は企業のウェブサイト、サービスサイト、そしてチャットなどの**顧客動線の見直しを行う**必要がある。

全体としてどのようなサイト構成にすれば良いのかについては、ウェブアクセシビリティ基盤委員会（WAIC）が早見表を公開しているのでそちらが参考になる。

また、高齢者・障害者のどのユーザーがど

表15　ユーザーごとのインターネットサイトアクセスの課題

		課　題	解決策
障害者	全盲の人	• 画像や動画、表などが読み取れない • 音声読み上げソフトが読み取れない文字数があると理解しにくい	ナビゲーションリンク項目を減らす
	弱視の人	文字サイズが固定されている場合読めない	１ページに文字を大量に記入しない
	色覚障害の人	文字や図の判別ができない	赤と緑系統の色をページ内で多用しない
	聴覚障害の人	• 音声での説明を聞き取ることができない • 手話を利用する人には難しい表現が理解しにくい	音声だけの説明をなくし、文字と併用する
	肢体不自由の人	スクロールが多いページやリンク数が多いと、目的のページにたどり着けない	• １ページの量を削減する • リンク数を削減する
	知的障害の人	文字で提供された情報を十分に理解するのが苦手	イラストや音声の提供
高齢者		ページの行ったり来たりや入力項目が多いと混乱する	入力項目の最小化や電話対応との併用、難解な専門用語を使わない

の課題を抱えているのかを表15にまとめた。これによると、大きく7つのグループに分かれる。

全盲や弱視の人は、文字が読めない、もしくは読みにくいことから、ウェブページ上のナビゲーションリンク数や1ページ内の文字数を減らす必要がある。

次に色覚障害の人は、日本人の10％ほどいるといわれているが、赤と緑系統の色が多数使われていると文字が認識しづらくなるので、色の使用に注意が必要である。

聴覚障害の人は、動画など音声だけの説明だと理解することが難しいので、文字との併用が求められる。また、手話を利用している人は複雑な日本語の表現が苦手なことがあるため、平易な文章で説明する必要がある。

肢体不自由な人はマウスなどを用いるが、ページのボリュームが多いとスクロールするのが大変になる。またリンク数が増えるとクリック回数も増えるため、負担になりやすい。

知的障害の人は、文字で提供された情報を十分に理解することが苦手なケースが多いため、イラストや音声、図などで説明することが必要である。

最後に高齢者は専門用語が多用されていたり、ページが行ったり来たりすると混乱を招きやすい。また、文字入力が多いと疲れてしまい、ユーザーが離脱することにつながる。そこで、ページの移動を一方通行にしたり、入力を減らしたりする工夫が必要である。

まずは全盲や弱視という課題を持つ人への対応からスタートする

以上、7つに分かれたユーザーそれぞれが、どのような課題を持っているのかを理解したら、それらにひとつずつ対応していくことが求められる。ただし、いきなりすべてに対応するのは簡単ではないし、一部矛盾した動作も求められる。

そこで、最もアクセシビリティに課題を抱える**全盲や弱視という課題を持つ人に向けた改善策からスタートすると良い**であろう。

まず全盲や弱視の人は、スクリーンリーダーという音声での文字読み上げソフトを利用していることが多い。スクリーンリーダーはテキストを音声に変換する読み上げ機能（TTS：Text to Speech）を使用して、画面に表示されるテキストを視覚障害者が利用できるフォーマットに変換する機能を持つ。スクリーンリーダーは、画面に表示されるテキストを読み上げるだけでなく、ページの操作を画面のタッチとショートカットの使用でできるため、PCユーザーのサイトアクセシビリティを向上させることに貢献する。

しかしながら、スクリーンリーダーが機能しにくいウェブサイトやサービスサイトが多い。この点について、自身が障害者で福祉器具会社のアドバイザーを務めるホリー・トゥケ氏はウェブメディア『The BIG HACK』の「利用しにくいサイトの5つの特徴」という記事で、視覚障害者が利用しにくいウェブサイトの特徴とその具体的な改善策を紹介している。

まず1つ目に、ラベル化されていないリンクとボタンは利用しにくい。スクリーンリーダー利用者がウェブサイト上で情報を収集する際は、リンクのアンカーテキストが適切に設定されていない場合、どこに何のリンクがあるのかがわからない。そのため、ラベルに

「こちら」と書くのではなく、ユーザーに何のリンク先に誘導したいのかを具体的に書く必要がある。

2つ目に、画像にテキストの説明がない場合である。この場合、スクリーンリーダーが代替テキストを読むことができないことから、何の画像かを判断することができないことになる。代替テキストが設定されていない場合、「画像」としかスクリーンリーダーに読み込まれないため、適切な情報提供ができない。

3つ目に、ヘッダー見出しの設定である。スクリーンリーダーはページ内の情報収集を高速かつ円滑にするが、ヘッダー見出しがh1から論理的に見出しを設定されていないと、ユーザーがコンテンツ内を移動できなくなる。SEO対策としてもヘッダーが適切に設計されているか、サイト構築の基本ではあるが、改めて見直す必要がある。

4つ目にフォームのアクセシビリティ対応ができていないことである。お問い合わせフォームや商品検索フォームにラベルがなかったり、ラベルが適切でなかったりすると、スクリーンリーダーでは何のためのフォームなのかがわからなくなり、利用できなくなる。また、不正なフォーム申請を避けるためにCAPTCHAを設定している企業が増加しているが、多くの企業は、絵や文字の選択や入力となっており、音声を聞くオプションが付いていない。すると、フォームを入力することが不可能になってしまう。

最後に、自動再生の音声や動画である。自動再生の音声や動画がある場合、スクリーンリーダーが文字を読み取って説明しているさなかに音声が流れ出してしまい、内容が読めなくなってしまう問題が生じる。そこで、自動再生を切っておくか、もしくは音声は通常時はミュートになっていることが必要になる。

以上のように、全盲や弱視の人にとっては、多くのウェブサイトやサービスサイトが利用しにくい状態になっていることがわかる。基礎的な変更で十分に対応できることが多いこと、競合他社がアクセシビリティを配慮したサイト設計をしていない場合が多いことから、アクセシビリティの良し悪しは、４２８万人の身体障害児・者に対して企業のＰＲやサービス理解に大きく影響するであろう。

高齢者には電話を活用したサービス設計が有効

一方で高齢者に利用しやすいサイト設計にするには、クリックやタッチ、文字入力の回数を極力減らす必要がある。戻るボタンを多数押さないと戻れなかったり、戻るボタンを押すと入力したフォームの内容が消えてしまったりするサイトがまだまだあるが、このようなサイトは高齢者のユーザーにとって利用しづらい。

高齢者向けのサービスを展開して成長している企業は、ウェブサイトを使用しながらも、**電話を活用したサービス設計**となっている。たとえば会員数700万人、8割強が60歳以上という高齢者向けの旅行サイトの「ゆこゆこネット」では、ウェブ上でさまざまな旅行プランの紹介・予約を展開しているが、サイトで日程を選択し、予約ボタンを押すと、ウェブでの申し込みの他に、電話で予約を選択することもできる。またHPのトップには、電話で予約が表示されているから、高齢者ユーザーにとってはパソコンを見ながら、電話でも相談できる、利用しやすいサイト設計となっている。

以上、ここまで述べてきたように、高齢者・障害者という大きなユーザー層がウィズコロナ、そしてアフターコロナにおいても増加していく傾向にある中で、彼らがサイト利用をしやすくするアクセシビリティが大きなキーワードであることを見てきた。

このアクセシビリティの問題を真剣に考えている企業は少ない。高齢者3700万人、障害者900万人というこれまで忘れ去られてきた大きな顧客を獲得するチャンスとして、アクセシビリティを社内で積極的に議論するべきであろう。

第8章

マーケティング・マインドの全社展開

8-1 営業とマーケティングとの新しい関係性

営業部よりもマーケティング部のほうが偉い？

ここまで、マクロのマーケティングの戦略策定からミクロの実際の戦術におけるポイントまで解説を行ってきた。第7章までの内容を踏まえて、アフターコロナにおけるマーケティング戦略を構築し、それを運営できるマーケティング組織を構築すれば、変化の速い世界においても、マーケティング部としては高いレベルに達するであろう。

しかしながら全社で売上げを上げていくためには、マーケティング部門だけでなく他部門との連携が必要となる。そこで、本章では**マーケティング部とその他の部署との連携、そしてここまで紹介した顧客志向や戦略思考といったマーケティング・マインドをいかにして他部門にも共有、浸透させるか**について解説していこう。

まず本節では、営業とマーケティングの関係性について解説する。

先に紹介したドラッカーの『現代の経営』（ダイヤモンド社）において、「マーケティングの最大の仕事はセリング（selling）を無くすことだ」と書かれていたことが「セリング＝営業」という誤解を招き、そこからマーケティング部と営業部の仲が悪いといわれてきた。

実は、ドラッカーは「押し売り」をなくすべきだという意味で「セリング」という言葉を使ったのだが、これが営業をなくすことだと誤解されて日本に広まってしまった。そのため、営業部よりもマーケティング部のほうが偉い、という独特の慣習がある会社も多い。マーケティング部は花形といわれ、営業のトップセールスがキャリアアップして異動するものだという制度がいまだに残っている大企業も多い。したがって、営業とマーケティングといえば部門間で仲の悪い代表格であった。

しかしながら、営業部とマーケティング部は当然ながら会社の売上げを上げるために共同作業をしている。マーケティング部が営業部の訪問するアポイントや見込客をリストアップし、それを営業部が実際の売上げにつなげる。サッカーにたとえるならば、マーケティング部がミッドフィルダーで営業部がフォワードという立場の違いがあるが、勝利に向かって戦う1つのチームであって、競争相手ではない。

マーケティングと営業の連携強化「ザ・モデル」

そこで、マーケティング部と営業部の連携を強めるために必要なのが**ザ・モデルの導入**である。これについては既にご存じの方も多いかもしれないが、筆者が知る限り、言葉だけが独り歩きした結果、誤解している人も多いように思う。そのため、ここで簡単に解説しておくことにする。

ザ・モデルは世界的なクラウドCRMサービスであるセールスフォース・ドットコムが考案した、マーケティングから顧客接点までをつなぐ新しい組織マネジメントのあり方を指す。

その特徴を簡単に述べると、部署ごとの個別最適化された目標・KPIではなく全体最適な視点から目標・KPI設計をすること、それぞれの部署の数値がどのように全体の目標に貢献するかが見える化されていること、組織間の連携を踏まえた組織設計を重視することが特徴になる。

ザ・モデルの組織では、見込客発掘を担当するマーケティング部から、見込客をアポイントや販売につなげるインサイドセールス（内勤営業）部、実際の顧客に販売・提案をする営業部、そしてその後のフォローを担当するカスタマーサクセス部（カスタマーサービ

図50　ザ・モデルの組織マネジメント

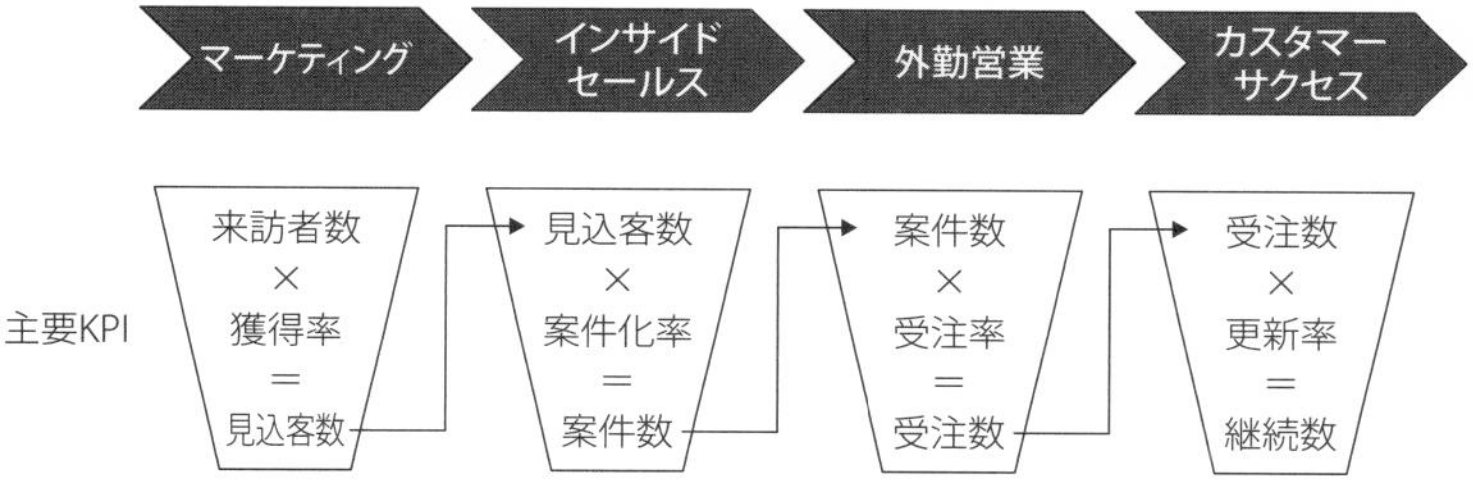

出典：Salesforce 「営業効率を最大化する『The Model』（ザ・モデル）の概念と実践」

ス）までの一連の流れをシステマチックにかつ組織一体となって機能させることを目指す。

たとえば、マーケティング部はブランディング、ＰＲ、広告などを駆使して、ウェブサイトやホームページ、メルマガなどに集客する。そして、その集客から実際の見込客のアポイントを獲得して見込客数にする。したがって、マーケティング部のＫＰＩは来訪者数に獲得率を掛けた見込客数となる（このあたりの名称は各社事業内容に合わせて変更してほしい）。

次にインサイドセールス部は、マーケティングによって獲得した見込客を、電話やウェブ面談などで実際の提案へと案件化することが目標となる。その際に営業部がスムーズに提案ができるように、顧客の現状や課題をヒアリングしながら、セールスフォースなどのＣＲＭツールに顧客情報を詳細に記入していくことも必要となる。どのような顧客が実際の提案につながるかについて、インサイドセールス部はマーケティング部にフィードバックを行うことも重要な役割である。インサイドセールス部のＫＰＩは、マーケティング部が創出した見込客数に案件化率を掛けた案件数となる。

外勤営業は、インサイドセールス部が創出した見込客に対して、訪問をして提案を行い、実際の売上げにつなげることが目標となる。インサイドセールス部が事前に顧客の課題を引き出せていれば、営業効率が上がり、スムーズな提案や受注にもつながるため、インサイドセールス部との連携が重要になる。外勤営業のＫＰＩはインサイドセールス部が創出した案件数に受注率を掛けた受注数である（単価を変動させられる場合は受注額でも良い）。

最後に、カスタマーサクセスは、外勤営業が獲得した顧客に対して、アップセルやクロスセルを行いながら、継続的な商品・サービスに対するヒアリングをすることで継続に貢献することが目標となる。インサイドセールス部門が弱い組織は、最終的に焼き畑農業的に売上げが安定しない。ウィズコロナ、アフターコロナで広告投資をしづらい今だからこそ、既存顧客をリピーターとするためには、インサイドセールスの能力にかかっているといえる。このようなインサイドセールスのＫＰＩは外勤営業の受注数に更新率を掛けた継続数となる（ここにアップセルやクロスセルを加えて継続額としても良い）。

ザ・モデルが機能しない理由と改善策

一方で、近年アフターコロナに向けてザ・モデルの導入を行ったのだが、実際の成果があまり出てこないという相談もよく受ける。各部署の数字が実際の売上げにつながるまでの流れやロジックは明らかになったのだが行動が変わらないという相談である。

その課題が起きる理由は2つある。

1つ目は、ザ・モデルを真似た組織制度が導入されただけで、ＫＰＩを達成することが目的となってしまい、上記に述べたような**それぞれの役割を発揮するための前工程の部署、後工程の部署との連携や調整ができていないから**である。

このような組織は、マーケティング部が自身のＫＰＩを達成するために質の高い見込客も低い見込客もとにかく創出し、それをインサイドセールス部に渡してしまうというパターンに陥りがちである。インサイドセールス部はとにかくアポイントにつながれば良いという理由から、実際の営業につながらないような見込みの低い顧客にまでアポイントをとってしまう。

このような失敗を起こさないためには、なぜそのＫＰＩが設定されているのか、どのようにそれを達成していくのかを横の部署とも連携しながら、経営陣を中心に、各部署の部長やマネージャーを交えて目標と目的について、よく擦り合わせる必要がある。これをおろそかにしてしまうと、結局のところザ・モデルを導入した意義がなくなってしまうことになりかねない。

ＯＫＲを活用した全体最適な組織設計

もうひとつの理由は、組織の目標までは理解され共有されたものの、いまいち変革の動きがにぶい場合である。この場合には、評価・報酬がつながっていないため、本質的にはザ・モデルが組織メンバーに腹落ちされていないことに原因がある。

これを解決するためには、**脱縦割りの評価・報酬制度の導入**が重要となる。評価制度の中に、自部署だけでなく他部署との連携や他部署への貢献によって、最終的な全社目標にどれだけ貢献したかを評価する項目が必要になるということである。

その点、ＯＫＲ（Objectives and Key Results：目標と主要な結果指標）制度のように、全社の年間目標を四半期目標へブレイクダウンし、その四半期目標を部署目標へ、さらに個人目標へとどんどんブレイクダウンしていく仕組みを導入することで、より全体最適な視点からザ・モデルの組織を運用することが可能になるであろう。

図51 OKRの目標設定と目標管理

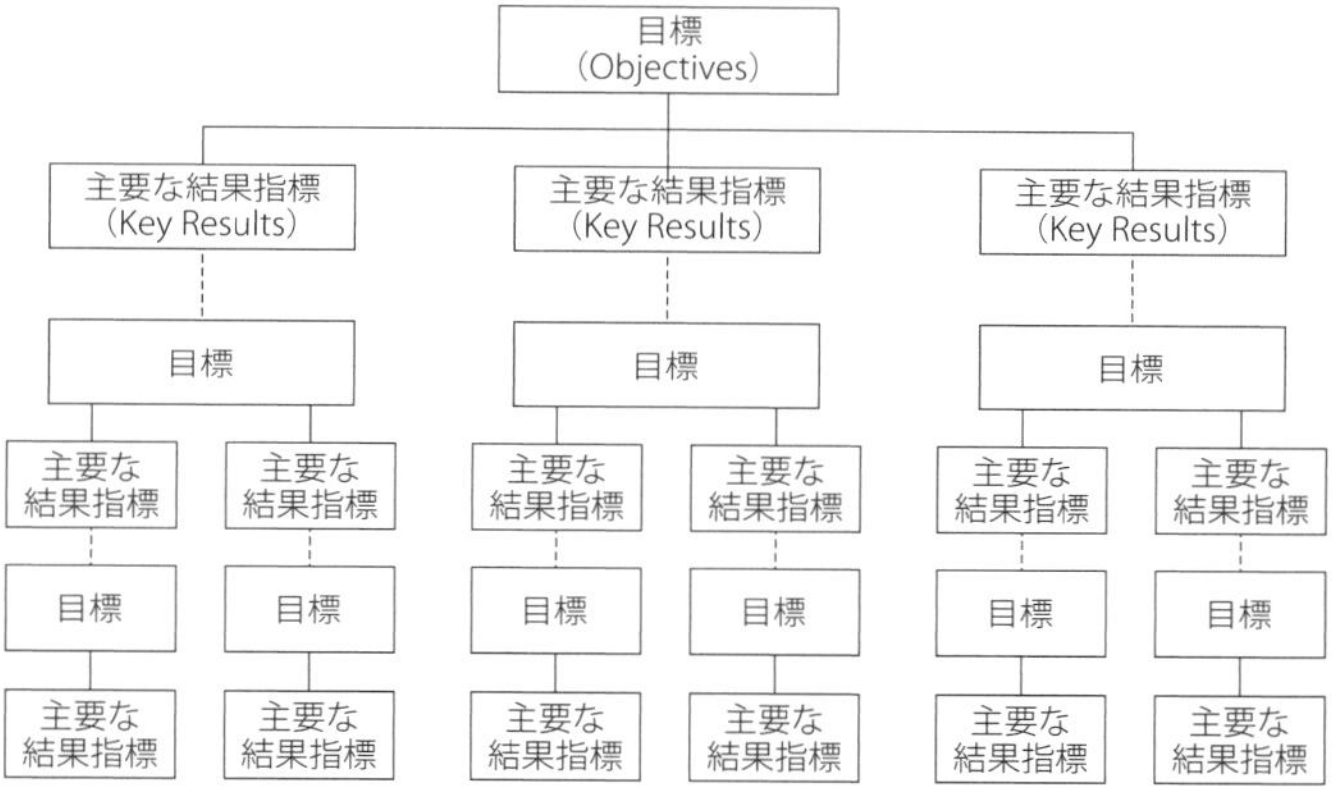

ここでやや話がそれるが、OKRについて簡単に解説しておく。図51を見ていただきたい。

この図にあるOKRの目標（Objectives）設計の仕方と主要な結果指標（Key Results）について見ていこう。

まず目標設計についてであるが、会社全体でチャレンジングな目標を設定し、それをどのように1年以内に達成するか、四半期で達するか、という形でブレイクダウンしていく。その際は定性的に設計しても良い。たとえば、顧客に毎日利用される化粧品を3つ新規開発する、最も利用しやすい健康管理アプリを作る、といった目標が挙げられる。

それをさらに部門長やチーム長が個人個人の現状の能力や今後の目標、キャリアプランなどをヒアリングしながら、個々に割り振っていく。

それを個人が一定のルールと権限内で自由に設定する。

次に主要な結果指標についてであるが、主要な結果目標は定量的に設計される。目標を踏まえて、具体的にどのような数値目標を立てるのかを設計する。そして図51のように、さらにそれを個別の目標にブレイクダウンし、そこに数値目標を立てるという形で組織の目標と結果管理を行うのである。たとえば売上げを20％向上する、顧客満足度を業界ナンバーワンにする、ＮＰＳ（ネットプロモータースコア：商品・サービスを周囲にお勧めする度合いを評価したもの）を1ポイント向上させるといったものが挙げられる。

ＯＫＲはこのような考え方をすることで、個別最適ではなく全体最適、そして個人の能力をストレッチしていくものだが、この考え方はマーケティング戦略を策定し、それをマーケティング戦術へと落とし込んでいく作業と類似している。

このようなＯＫＲの特徴を活かすには、マーケティング部がマーケティング・マインドを共有しながらサポートする必要がある。

一方で、評価制度を変えて、報酬制度を変えない企業があるが、これはいただけない。評価と報酬は連動しており、どのような人が高く評価され、高い報酬につながるのかを明確化しなければ、社員が白けるだけになる。たとえば、インサイドセールス部門でマーケティング部にどのようなアポイントがなぜ必要なのかを明らかにした上で、具体的な成功事例や失敗事例を集めて、それらをフィードバックしていく会議体や、プロジェクトチームを運営するマネージャーや担当者を高く評価し、そこに特別賞与や組織貢献の賞与を出すといった形が最初の頃は良いであろう。特に賞与は社員にとって大きなモチベーションになるので、特別賞与を出すことで何を重視するかのアピールにもつながる。そのプロジェクトが重要なものになれば、その後に基本給や役職給にも反映していくことができる。

したがって、ザ・モデル型の組織マネジメントを導入するのであれば、評価・報酬にも手を入れて改革する意気込みで導入するべきである。

ザ・モデル型の組織マネジメントは難易度が高く、上記のように簡単に導入できるものではない。しかし、このザ・モデル型の組織は営業とマーケティングという部署の意識を高め、連携を強化するだけでなく、全社の売上向上にも大きく貢献すると考える。ぜひアフターコロナに向けて今から準備をしていただきたい。

8-2 人事部とマーケティング部の蜜月

人事部とマーケティング部の根本的に必要な要素は同じ

前節では営業部とマーケティング部という伝統的なテーマを扱ったが、本節では、**人事部とマーケティング部という一見関連性のない部署との連携**を扱う。

人事部の目標は人材の採用・育成・定着であり、マーケティング部は売上達成のための顧客獲得であるから、確かに一見関連性はない。しかしながら、両者とも外部から必要な「人」を獲得するのが目標という意味では、根本的に必要な要素は同じである。特に近年は、ウィズコロナの影響を除いた場合に、エンジニアなどの人材獲得が難しくなってきており、この流れはアフターコロナでも続くであろう。

そうすると人事部として自社に優秀な人材を惹きつけることと、マーケティング部が見込客を獲得することはあまり変わらない。また、よほどブランド力のある大企業以外は、旧来型の人材紹介会社からの紹介を見込むのではなく、ビズリーチやGreenのようにダイレクト・リクルーティングといって、転職希望者が登録しているプラットフォームに対して、スカウトを送って面談をするサービスが普及し始めている。

そこで、人事部としてはマーケティング部の持つ、マーケティング・マインド（マーケティングを行う上での基本的な考え方）やマーケティングの知見を吸収しながら採用マーケティング、採用ブランディングを強化していく必要がある。

マーケターが人事部と共有できる3つのスキルセット

マーケティング部が人事部に共有できるものとしては3つある。

1つ目は**マーケティング・マインド**である。顧客に対して、どのようなメッセージを送ると興味を持ってもらえるのか、自社をどのようにアピールするのか、クリエイティブはどうするのか、といった視点は、採用の際にも有効に機能するだけでなく、それが苦手な人事部が多いことから、他社との差別化にもつながる。

人事部はマーケティング部のサポートを受けながら、候補者にどのように会社のメッセージを伝えるのか、アピールポイントは何か、どのような写真やクリエイティブで会社を表現するのか、といった視点から採用のあり方そのものを検討し直す必要がある。

2つ目が**数字ベースの仮説思考**である。数学を軸としたPDCAのスキルであるダイレクト・リクルーティングを利用する場合には、採用したい候補者に対してスカウトメールを送って返信をもらう、それを改善してさらに少ないスカウト数で返信をもらう、という一連の動きは、まさにウェブマーケティングと同様である。したがって、ウェブマーケティングを行う際のPDCAの回し方やプロジェクト推進方法、KPIなどの数値管理方法、文章のA／Bテストの回し方といった手法もマーケティング部と協力して設計していく。

人事部の多くは、これまで数字を追いかける経験に乏しい場合が多く、情報の整理やプロジェクトの設計、PDCAを回す、定量的なファクトを押さえて改善する一連の流れが苦手なケースが多い。一方できちんと業務をこなすことは得意な人が多いからこそ、全体の設計はマーケティング部のサポートがあるほうが良いであろう。

採用の世界でもブランディングが必要不可欠

最後に、マーケティング部が人事部に共有できるものとして、**ブランディングのノウハウ**がある。ここまで解説してきたのは会社や商品、サービスのブランディングで、主に消費者に目が向いていたが、こと採用の世界では、採用ブランディングという言葉があるように、採用候補者に自社に入りたいと思ってもらえるようなブランディングを構築することが重要となってきている。当然、ダイレクト・リクルーティングなどのツールの活用も必要ではあるものの、それには社内の工数を使うし、対応が大変なケースも多い。また、人材紹介会社や採用媒体の利用は紹介が不定期になりやすい。

他にもリファラル採用のように、社員の紹介での入社も重要視されてきているが、会社のブランディングがされており、情報が発信されていなければ、そもそも社員が会社に知り合いを紹介する気も起きにくくなる。

そこで、採用ブランディングを行って、候補者のほうから自社に興味を持ってもらえるような仕組みが必要となる。その際に、マーケティング部のＰＲやブランディングチームと共同しながら、特に採用候補者に興味を持ってもらえる情報や話題性のあるネタの提供、会社の風土やカルチャーの伝達などが必要となってくる。

そのためには、採用チーム用のＳＮＳを活用したり、WantedlyやPR Tableなどの採用ＰＲ／ブランディングサービスを利用したりすることなども検討したい。

このとき、人事部が採用に活用するＳＮＳは、ツイッターかフェイスブックが良いであろう。ツイッターのメリットとしては、不特定多数の人向けにターゲットできる点と、採用難易度と採用優先度の高いウェブエンジニアや新規事業責任者など、優秀層が利用しているケースが多いためである。フェイスブックは会社の公式アカウントというイメージも強く、シェアやコメントなどから情報を拡散させやすい。また、多くのビジネスパーソンが実名で使用しているため、信用度も高い。さらにはフェイスブックから自社のＨＰに遷移させることも比較的容易である。ターゲットを絞って採用広告をフェイスブックで出稿する企業も直近では増加傾向にあるため、フェイスブックは有効な採用手段となるであろう。

ウェブマーケティングのノウハウを人事に応用する

次に、WantedlyやPR TableといったブランディングやＰＲツールは、社員に注目して社内情報の発信ができるため、会社の魅力を伝えやすい。前述のようにカルチャーや会社の制度などをただＨＰに記載しただけでは、たまたま見に来た人にしか見てもらえないが、このようなプラットフォームを活用することで、多くの人にアピールすることができる。ただし、これらのプラットフォームでは、文章やクリエイティブが一定数そろっていなければ閲覧してもらえない。そこで、それぞれどのような文書が良いか、どのようなクリエイティブが良いかといった視点には人事部だけでなく、**マーケティング部のサポート**もあると良い。特にWantedlyはフェイスブックやツイッターとの相性が良く、ＳＥＯ対策にもなるため、採用ブランディングのメリットとして運用することが望まれる。Wantedlyと聞くと、多くの競合が登録していると思うかもしれないが、筆者の知る限り、真面目に運用している企業はそこまで多くない。そのため、マーケティング部と人事部でタッグを組んできちんと取り組んでいけば、まだまだ勝ち目のあるプラットフォームである。

さらには、**社員の定着**という面でもマーケティングの要素が重要である。人事部にとっての顧客である社員が十分な能力を発揮し、長く働いてもらうために、どのような組織制度が必要なのか、どのような福利厚生を設けるか、社内オフィスはどうするかなどの施策を考える必要があるが、この際にもマーケティング・マインドが必要となる。

社員の定着については直接マーケティング部のサポートは必要ないかもしれないが、社員がどう思っているのかといった情報のヒアリング方法・調査項目設計や、オフィスのイメージ、会社のイメージ、雰囲気作りのために考え方のアドバイスをすることができる。

他にも、社内活性化のために、社内報の作成や社内イベント（オンラインも含む）などを行う際にも、マーケティング部と連携することでより成果が上がるものがある。

以上のように、マーケティング部は一見距離のある人事部とも連携・協力できることが多数ある。アフターコロナにおいて、マーケティング部と人事部の蜜月が始まるのである。

8-3 システム部とマーケティング部の出会い

システム部とマーケティング部との連携における2つの方向性

前節では、人事部とマーケティング部という一見距離のある部門同士の連携について解説を行った。本節では、同様にバックオフィス部門である**システム部とマーケティング部がアフターコロナにおいてどのように協業すべきか**を解説していこう。

システム部とマーケティング部との連携には2つの方向性がある。

1つ目はマーケティングの機能向上、セキュリティ向上のための**システム面での連携**、2つ目は社内システム部の**マーケティング・マインドの醸成**である。

1つ目については、マーケティング部としても影響度合いが強い要素である。背景として、ウィズコロナでウェブマーケティングが再度急拡大し、アフターコロナにおいてもその重要性が増す中で、ウェブマーケティングを効率化させるためのツールが多数提供されるようになってきた。

このようなツールはマーケティングの効果の改善や業務効率化のために必要なものも多く、ツールも日々進化していることから、多数のツールを導入している部門も多い。

ただし、便利だからという理由でそのようなツールをマーケティング部が一方的に導入すると、システム部の監視の目を逃れ、セキュリティの穴（セキュリティホール）が生じて個人情報の漏洩につながったり、個人情報の監査やＩＳＭＳ、Ｐマークなどの審査にも影響を及ぼしたりする。

マーケティング部としてはあまり気を配らないかもしれないが、個人情報の保護は会社の業績にもブランドにも大きく影響することから、マーケティング部としては機能向上のメリットを享受すると同時に、システム部と連携しながら、セキュリティとして安心できるツール選定を行うであるとか、システム部の監視が入るような仕組みを整えるべきである。

したがって、ザ・モデルのような仕組みを導入する場合には、ツール自体ではなくても、個人情報の入るリスト管理について、セキュリティとして担保されているのかどうかを逐一共有することが望ましい。企業によっては、一般的な共有ファイルに入れていたり、グーグルスプレッドシートの公開・非公開設定を誤ってしまい、外部にリストが漏れていたりするケースも見受けられる。

このようなことにならないようシステム部と連携して、常時非公開になる設定にするとか、共有のためのルールを決めるなど、機能向上と同時にセキュリティに対する意識を持つようにすることが重要である。

これまで以上にインターネットのサービスが重要となる中で、アフターコロナにおいてもその方向性は変わらないことから、これまでと同様かそれ以上にインターネットの不正アクセスやサイバー攻撃も起きる可能性がある。

そのような点についても、事前にシステム部とともに、どこにセキュリティホールが生じる懸念があるのか、入念な調査を行っておきたい。

社内システム部にもマーケティング・マインドの醸成を

2つ目に、社内システム部のマーケティング・マインドの醸成である。

多くの企業において社内のシステムをサポートする社内システム部や社内ＳＥ部がある。この部署もマーケティング・マインドを持つことが重要である。

社内システム部においては社員全員が顧客であり、社員の生産性の改善という攻めの目

図52 社内システム部の目標とマーケティング・マインド

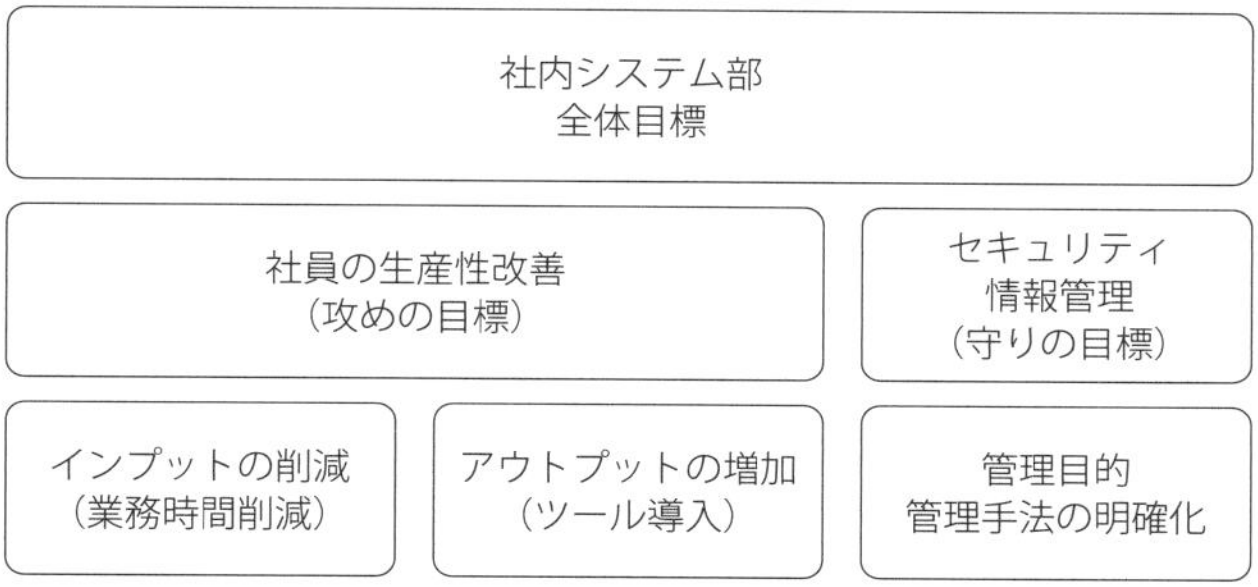

標とセキュリティ対策など、システム面の守りの目標を持つ。

一方で大多数の社内システム部では、業務過多の影響もあるものの、目の前の仕事をこなすことや、セキュリティ対策については得意であっても、社員の生産性の改善という攻めの目標については弱いケースが多い。

そこで、マーケティング部が社員という顧客に対して、どのように目標を立て、対応すれば良いのか、マーケティング戦略の考え方を参考にサポートする必要がある。

その手順だが、まず**社内システム部の目標を設定する**必要がある。その際には攻めの目標と守りの目標の両方を図52のように2つに分けて設定する。攻めの目標については社員の生産性改善に関する目標を立て、守りの目標についてはセキュリティや情報管理といった目標を立てると良い。

守りの目標については、管理目的と管理手法を明確化し、社内に共有すること、目的と手段を取り間違えないという考え方を守れば、社内システム部のほうが専門的な知見はあるので、十分マネジメントできるであろう。

一方で、社員の生産性改善に関する目標をつまり業務時間というインプットで成果というアウトプットを割ると算出される2つにブレイクダウンしていく際には、いくつかのサポートがあり得る。たとえば、マーケティング部、そして先に述べた人事部がタッグを組んで、社員の課題を社内アンケートや社員ヒアリング／インタビューをしながら、具体的にどのようなときに、どのように不具合や課題が生じているのか、どのように改善すれば解決されるのかを全体調査する進め方が考えられる。

その際に本書で述べてきたようなアジャイルな商品開発の手法や、ジョブ理論のように「解決する課題」は何か、という考え方をシステム部にも共有すると、より課題が明確になる。特にシステムに関する社内の課題は、問題が起きたときにしか浮き彫りにならないケースも多く、事前に調査をしておくことで、思わぬ収穫があることも多い。

具体的なプロジェクト手法としては、マーケティング部が一緒にプロジェクトチームを作る考え方もあるが、1～2時間ほどレクチャーして、あとはシステム部に任せてしまっても構わない。

ちなみにインプットの削減のためには、ハード面とソフト面の改善がある。その中でもよくある問題が、ソフトに対する投資は積極的に行っている企業が、ハードには投資していない場合である。近年のパソコンの性能向上には目覚ましいものがあるので、数年経った場合には買い替えることで、今までの業務時間よりも少ない時間でデスクワークができたり、使用できなかったツールが導入されていたりする。

また、アウトプットの増加については、各種のツール導入が有効な対応策である。特にSaaSサービスが拡大してきたウィズコロナ、アフターコロナの世界においてはクラウドサービスが活用できる場合も多いであろう。その際には、小さな規模から導入し、早期に改善を行いながら、徐々に全社導入を目指すことも検討することができるであろう。

以上のように、ここまで解説を行ってきた考え方を利用することで、全社を大きく改善していくこともできる。アフターコロナにおいては、これまで以上に生産性改善や働き方改革、業務効率化という課題についてはホットイシューとなる。その際に、マーケティング部が果たす役割は大きいだろう。

8-4 マーケティング・マインドの全社展開が最大の課題

マーケティング・マインドはすべての部署に必要なもの

本章では、さまざまな部署とマーケティング部の連携について解説を行ってきた。ここまでお読みいただいておわかりになる通り、マーケティング・マインド、つまりマーケティング的な考え方、マーケターとしてのマインドセットは、**社外・社内問わず、またどの部署でも今後必要になってくる**。当然ながら、経営者にも必要になる。経営者の謝罪会見などで炎上する企業をよく見かけるが、これは経営者にマーケティング・マインドがない証しであろう。

このマーケティング的な考え方について、ここまでは「マーケティング・マインド」と抽象的な表現をしてきたが、これについて最後に少しだけ解説をしておく。

マーケティング・マインドには、大きく分けて3つの重要な要素がある。

図53 全社で身につけるべきマーケティング・マインド

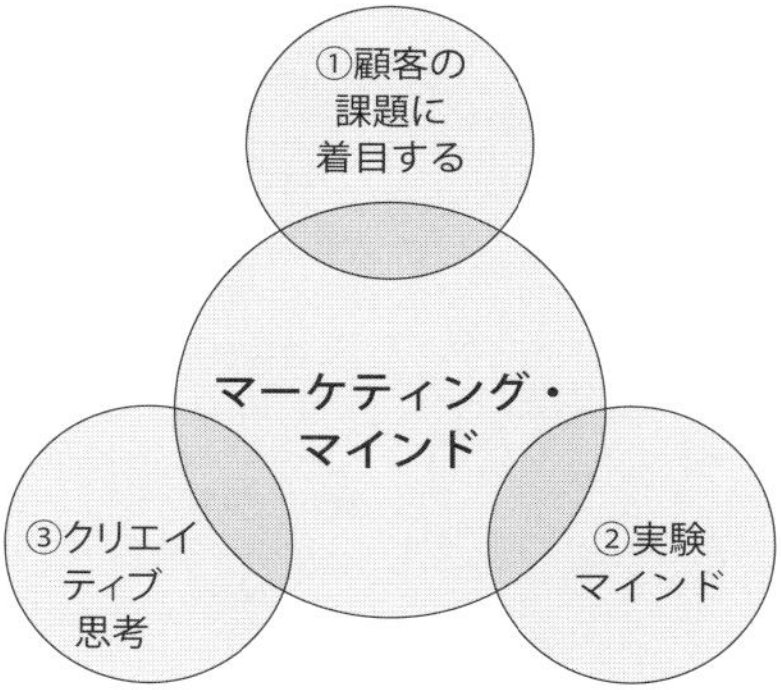

1つ目に、**顧客の課題に着目すること**である。自己啓発書などには「問題解決力」というタイトルの付いた書籍が多くあるが、マーケティング・マインドにおいて重要なのは問題解決力よりもむしろ課題・問題発見力である。

経営の現場において、問題が明確であり、その問題の解決方法がわからないケースよりも、むしろ問題が何なのか、それがなぜ問題なのか、というケースのほうが多く、解決するための難易度も高い。

顧客が何に悩み、どんな課題を抱えているのか、顧客は直接表現してくれないことが多い。それをマーケターは自らの情報収集によって顧客の課題、問題を発見していく必要がある。

この考え方は先に述べたような人事部やシステム部にとらわれず、営業部でも経理部でも総務部でも仕事を行うすべての部門でその仕事を誰のために行うのか、という顧客が存在する。したがって、どの部門でもこの顧客の課題に注目し、顧客の問題・課題を発見する力を身につける必要がある。

実験マインドを全社展開する

2つ目に、**実験マインド**である。マーケターはここまで紹介してきたように、大きな絵を描く一方で、多数の小さな施策を行い、それらを少しずつ改善しながら、数字で結果を残していくことが求められる。この考え方、マインドセットをここでは実験マインドと呼ぶことにする。

たとえばウェブマーケティングであれば、クリエイティブや文言のA／Bテストを繰り返して効果を改善していくように、他の部門でもいきなりすべてを最初から完璧に行おうとはせず、まずは**実験をして、試しながら改善していく**という考え方が重要である。営業部ならば、いきなり全見込客を百発百中する必要はなく、最初は練習台として見込みの低そうな顧客からスタートしてプレゼンテーション力を磨き、経験を積んだところで見込みの高そうな顧客で成果を上げるといった場合もあるであろう。また、人事部の制度設計でもいきなり全社導入を目指すのではなく、一部の部署か子会社で試してみて、うまくいったら徐々に全社展開することが考えられるだろう。

このような説明を行うと、「弊社は老舗だから無理だ」「この業界は特殊だから」とすぐに否定論から入る人がいるが、すべての業界は特殊であり、すべての会社に歴史があって皆違う。それを言い出した時点で思考停止状態になっていて、何も変化を見いだせない

老舗で生き残っている企業には変化があり、特殊な業界でも常に変化をして成功している企業がある。たとえば、室町時代から続く和菓子の老舗「とらや」は常に変化をすることで、日本の和菓子業界の先頭を走ってきている。「とらや」より歴史が古い歴史を持つ会社は数少ない。その「とらや」が変化しているのであるから、読者の企業は変化できるはずである。

だからまずは、「どのような施策からなら始められるか」という実験思考で進めていただきたい。

それでも難しい人は、予算とそれに必要な予定と期限をセットしてしまい、まずは走り始めてしまうことだ。

この考え方も、どの部署でも活用することができる非常に重要な考え方である。特に目標が曖昧になりがちな管理部こそ、実験マインドを全社員へ共有していきたい。

最後に、**クリエイティブ思考**である。マーケターの仕事の多くに、どうしたら新しさを

感じさせられるか、今までとは違った要素は何か、といったクリエイティブなソリューションを生み出す要素がある。

多くの部署でどうしたら新しくできるか、今までとは違った要素をどのように組み込むかというクリエイティブ思考を取り入れることで、飛躍的に業務が改善される事例がある。たとえば、総務部ではこれまでは稟議書に常に資料を添付して回覧する必要があったが、これだと印刷枚数も多くなるしチェックにも時間がかかる。そうであれば、これまでと違った要素として、稟議書は紙で、添付資料は指定のファイルに保管するやり方で両者の必要事項をより少ない手間と時間でクリアできるといった新しいソリューションを生み出せるかもしれない。この事例は日常にある小さな改善を考えた事例であるが、このような小さな課題をクリエイティブ思考で見回してみると、意外にも多くの改善を行うことができる。

以上のように、顧客の課題に着目する、実験マインドを持つ、クリエイティブ思考を身につけるという3点を全社で展開することで、会社は大きく変化できる。

そして、そのためにマーケティング・マインドをマーケティング部は胸を張って全社に提供・共有していただきたい。その際に、経営陣の方々はサポートいただけるようにお願いしたい。

おわりに

前著『アフターコロナの経営戦略』（翔泳社）の出版からしばらく経ち、本書を書き始めたときにはコロナの感染の拡大は落ち着きを見せていたが、本書の筆が進むにつれて、再び感染が拡大。国内では北海道、東京、大阪を中心に各地で過去最高の感染拡大が起きている。政府肝いりの「Ｇｏ Ｔｏ トラベル」も全国的に休止となった。アメリカでは１日に12万人という記録的な感染拡大、イギリスでは12月に解除されたものの、イングランド地方で再度のロックダウンが起きている。全世界では感染者が７千万人にのぼり、世界の人口の１％の人が既に感染したことになる。

ワクチンの提供は２０２１年初旬から順に提供がなされていくことになっているが、国内で安定的な供給がなされるにはしばらくかかりそうな状況である。さらにはアメリカの感染症研究センターのファウチ所長によれば、ワクチン接種は１回では終わらない可能性も高いという。

このような状況下でもポジティブなデータがある。

帝国データバンクが２０２０年12月９日に公表した「新型コロナウイルス感染症に対する企業の意識調査（２０２０年９月）」において、自社の業績に既にマイナスな影響があると答えた企業の数は6カ月連続で減少している。

さらには同調査において、新しい生活様式に対応した商品の企画状況として、展示品や購入検討時の接触削減に資する商品、サービスやインターネット、動画を活用した商品、サービス、テレワークなど在宅勤務に資する商品、サービスが上位に挙がってきている。

このように、新型コロナウイルス感染症は短期的には企業経営に大きなダメージを与えてはいるものの、中期的に見るとこれまでにない新しいマーケットの拡大、販売チャネルの拡大といった要素も持っている。また、競合との差が大きかった企業においても、一律で皆営業がしにくくなったり、マーケティング予算を削減していたりする関係で、差を埋めるチャンスがやってきたとも考えられる。

どの企業においても厳しい現状は変わらないのであるから、このウィズコロナに**マーケティング部門としてどのような準備を行うか**が、アフターコロナにおける勝敗を分けるといっても過言ではない。

第8章でマーケティング・マインドとして全部署で持つべき3つの要素を解説したが、マーケティング部門だけは絶対に忘れてはならないことがある。それは**顧客に嘘をつかないこと**である。つい最近もユーチューバーが経歴詐称で炎上した事例があったし、ベンチャー企業で華やかなことをいい、大量の資金を集めたものの実態がないという話も耳にする。自社を、そして自社製品に嘘をついて大きく見せても何も良いことはない。SNSが普及した今、誇張や嘘はごまかせない。どこかで必ずほころびが出る。マーケティング部だけは嘘をつかない、真実を伝えることだけは必ず守っていただきたい。すべてのことはここから始まる。

本書は私が日々目にする情報、日々考えている事柄、コンサルティングで得た知見をもとに記述をしているため、本書の記載の誤りについてはすべて私の責任である。もし誤りがあれば、ぜひ編集部宛に教えていただきたい。

前著に引き続き本書でも、翔泳社の編集者である長谷川和俊さんにお世話になった。遅々として進まない筆に愛想を尽かすことなく、少しでも読者の方がわかりやすくかつ有益な書籍となるように、今回も多数の助言をいただいた。ここに感謝申し上げたい。

また平日の遅い時間、土日に悩みながら書籍執筆を進めることを応援してくれた妻の志乃にも感謝申し上げたい。彼女のサポートがなければ、この本は完成しなかったであろう。

最後に、本書をここまで読み進めていただいた、読者の皆様に感謝を申し上げたい。本書が皆様の企業経営、日々のマーケティング活動に少しでもお役に立てば本望である。

２０２１年２月　森　泰一郎

大前研一訳、英治出版、2003年
- Ｐ・Ｆ・ドラッカー『ドラッカー名著集２　現代の経営』上田惇生訳、ダイヤモンド社、2006年
- フランス・ヨハンソン『メディチ・インパクト』幾島幸子訳、ランダムハウス講談社、2005年
- ヤン・カールソン『真実の瞬間　SASのサービス戦略はなぜ成功したか』堤猶二訳、ダイヤモンド社、1990年
- 足立光、土合朋宏『世界的優良企業の実例に学ぶ「あなたの知らない」マーケティング大原則』朝日新聞出版、2020年
- 小山田育、渡邊デルーカ瞳『ニューヨークのアートディレクターがいま、日本のビジネスリーダーに伝えたいこと』クロスメディア・パブリッシング、2019年
- 竹内謙礼『巣ごもり消費マーケティング　「家から出ない人」に買ってもらう100の販促ワザ』技術評論社、2020年
- 日経トレンディ・日経クロストレンド編集『自由すぎる公式SNS「中の人」が明かす　企業ファンのつくり方』日経BP、2020年
- 藤本隆宏、キム・B・クラーク『【増補版】製品開発力　自動車産業の「組織能力」と「競争力」の研究』田村明比古訳、ダイヤモンド社、2009年
- 森岡毅『USJのジェットコースターはなぜ後ろ向きに走ったのか？』角川書店、2014年
- 森岡毅、今西聖貴『確率思考の戦略論　USJでも実証された数学マーケティングの力』角川書店、2016年

参考文献

- A. T. カーニー監修、栗谷仁編著『最強のコスト削減　いかなる経営環境でも利益を創出する経営体質への変革』(東洋経済新報社、2009年)
- アル・ライズ、ジャック・トラウト『ポジショニング戦略［新版］』川上純子訳、海と月社、2008年
- クレイトン・クリステンセン『イノベーションのジレンマ 増補改訂版』玉田俊平太監修、伊豆原弓訳、翔泳社、2001年
- クレイトン・M・クリステンセン他『ジョブ理論　イノベーションを予測可能にする消費のメカニズム』依田光江訳、ハーパーコリンズ・ジャパン、2017年
- クレイトン・クリステンセン、ジェフリー・ダイアー、ハル・グレガーセン『イノベーションのDNA』櫻井祐子訳、翔泳社、2012年
- クレイトン・M・クリステンセン、スコット・クック、タディ・ホール「「ジョブ」に焦点を当てたブランド構築が必要　セグメンテーションという悪弊」(『Diamond ハーバード・ビジネス・レビュー　2006年6月号』)
- K.ブランチャード、S.ボウルズ『1分間顧客サービス　熱狂的ファンをつくる3つの秘訣』門田美鈴訳、ダイヤモンド社、1994年
- ジム・ステンゲル『本当のブランド理念について語ろう 「志の高さ」を成長に変えた世界のトップ企業50』川名周解説、池村千秋訳、阪急コミュニケーションズ、2013年
- シーナ・アイエンガー『選択の科学』櫻井祐子訳、文藝春秋、2010年
- セス・ゴーディン『THIS IS MARKETING　You Can't Be Seen Until You Learn to See』中野眞由美訳、あさ出版、2020年
- デイビッド・A・アーカー『ブランド・ポートフォリオ戦略　事業の相乗効果を生み出すブランド体系』阿久津聡訳、ダイヤモンド社、2005年
- デービッド・アーカー『ブランド論　無形の差別化をつくる20の基本原則』阿久津聡訳、ダイヤモンド社、2014年
- デービッド・アーカー『ストーリーで伝えるブランド　シグネチャーストーリーが人々を惹きつける』阿久津聡訳、ダイヤモンド社、2019年
- トム・ピーターズ、ロバート・ウォータマン『エクセレント・カンパニー』

森　泰一郎（もり・たいいちろう）
経営コンサルタント。東京大学大学院経済学研究科経営専攻卒業。
大学院にて経営戦略を研究。経営コンサルティングファームを経て、IT企業の経営企画マネージャーとして業界・DX変革のための経営戦略策定をリード。その後、IT企業の取締役COO/CSOとして経営戦略からDX新規事業の立ち上げ、人事・IT管轄を担当。
現在、成長企業から大手企業向けの経営コンサルティング、新規事業開発、DX変革、Webマーケティング支援を手掛ける。Business Insider Japanなどの各種マスメディアで企業変革やコロナショック、「アフターコロナ」の経営など経営・経済動向の記事を多数執筆。著書に『アフターコロナの経営戦略』（翔泳社）がある。

装丁　井上 新八
DTP　一企画

アフターコロナのマーケティング

混迷の時代を切り開く、新しい消費の動き

2021 年 2 月 8 日　初版第 1 刷発行

著者　森 泰一郎
発行人　佐々木 幹夫
発行所　株式会社 翔泳社（https://www.shoeisha.co.jp）
印刷・製本　大日本印刷 株式会社

本書へのお問い合わせについては、2ページに記載の内容をお読みください。
落丁・乱丁はお取り替え致します。03-5362-3705 までご連絡ください。

ISBN978-4-7981-6960-6　Printed in Japan